Encontrar o equilíbrio interior

Dados Internacionais de Catalogação na Publicação (CIP)
(Câmara Brasileira do Livro, SP, Brasil)

Grün, Anselm
Encontrar o equilíbrio interior / Anselm Grün ; tradução de Sidnei Vilmar Noé. 2. ed. – Petrópolis, RJ : Vozes, 2014.

Título original: Mit Anselm Grün zur inneren Balance finden

ISBN 978-85-326-3851-9

1. Autopercepção 2. Conduta de vida 3. Crescimento pessoal 4. Equilíbrio (Psicologia) 5. Vida cristã 6. Vida espiritual I. Título.

09-03045 CDD-248.4

Índices para catálogo sistemático:
1. Espiritualidade : Cristianismo 248.4

ANSELM GRÜN

Encontrar o equilíbrio Interior

Tradução de Sidnei Vilmar Noé

1ª Reimpressão
Maio/2016

EDITORA VOZES

Petrópolis

Anselm Grün
© 2007, Verlag Herder Freiburg im Breisgau, 3ª edição.

Editado por Anton Lichtenauer

Título original em alemão: *Mit Anselm Grün zur inneren Balance finden*

Direitos de publicação em língua portuguesa:
© 2009, Editora Vozes Ltda.
Rua Frei Luís, 100
25689-900 Petrópolis, RJ
www.vozes.com.br
Brasil

Todos os direitos reservados. Nenhuma parte desta obra poderá ser reproduzida ou transmitida por qualquer forma e/ou quaisquer meios (eletrônico ou mecânico, incluindo fotocópia e gravação) ou arquivada em qualquer sistema ou banco de dados sem permissão escrita da editora.

Diretor editorial
Frei Antônio Moser

Editores
Aline dos Santos Carneiro
José Maria da Silva
Lídio Peretti
Marilac Loraine Oleniki

Secretário executivo
João Batista Kreuch

Editoração: Frei Leonardo A.R.T. dos Santos
Diagramação: AG.SR Desenv. Gráfico
Capa: WM design

ISBN 978-85-326-3851-9 (Brasil)
ISBN 978-3-451-05701-4 (Alemanha)

Editado conforme o novo acordo ortográfico.

Este livro foi composto e impresso pela Editora Vozes Ltda.

SUMÁRIO

Introdução – Uma pequena escola de vida, 7

1. Esteja aberto a tudo que cruzar seu caminho, mas siga sua própria estrela, 15

2. Entre em contato com o seu tempo, mas busque o seu próprio ritmo, 27

3. Modele o mundo, mas não se perca nele, 39

4. Busque a força interior que reside na doação e não no ego, 49

5. Assuma a responsabilidade própria e fomente as chances dos outros, 59

6. Não se perca no trabalho, faça-o com prazer, 71

7. Ame o presente e aprenda a ser sereno, 81

8. Ame seus valores, mas não desvalorize os outros, 91

9. Lute pelos seus objetivos, mas também busque a paz, 101

10. Seja bom para consigo mesmo e abra o coração para os outros, 111

11. Enfrente o seu medo e transforme-o em força de vida, 121

12. Nossa vida não é feita somente de dias ensolarados – encare as crises como uma chance, 131

13. Viva o seu anelo, pois o que existe não é tudo, 141

14. Aceite a sua finitude, mas não se esqueça que você é amado infinitamente, 149

15. Sempre de novo, procure a quietude, 157

INTRODUÇÃO

UMA PEQUENA ESCOLA DE VIDA

Aconteceu na manhã do dia 7 de agosto de 1974, pouco antes das oito horas, em Manhattan: Os nova-iorquinos que, neste dia, como sempre, afluíam para o metrô, vindos dos trens metropolitanos para chegar às pressas aos seus postos de trabalho em seus escritórios, permaneceram inertes nos estreitos das ruas. Inicialmente eram alguns poucos; em pouco tempo, mais e mais pessoas fixavam os olhares incrédulos no alto, em direção às Torres Gêmeas, às torres prateadas do World Trade Center, que somente seria inaugurado um ano mais tarde. Lá no alto, em uma altura arejada, onde as pontas dos prédios quase roçam as nuvens, uma pessoa se encontrava suspensa. Era o artista francês, equilibrista em cordas nas alturas, Philippe Petit. Ele se movia a uma altura de quatrocentos metros com uma vara de equilíbrio sobre uma tênue corda de aço, esticada de uma torre à outra em forma de arco.

Mal havia alcançado o outro lado, ele já se deparou com a polícia a postos. Quando os oficiais prenderam Philippe, ele nem compreendeu direito a pergunta sobre a razão de seu feito: "Eu simplesmente tinha de fazer aquilo. É uma necessidade que vem de dentro. Quando enxergo três laranjas, preciso fazer um malabarismo com elas. E quando vejo duas torres, eu preciso equilibrar-me entre elas". E ele acrescentou que ao ter visto as duas torres de Notre-Dame, em Paris, fizera o mesmo. Os policiais não acreditaram na sua história e mandaram-no à psiquiatria, mas o médico responsável atestou que Philippe Petit não era louco. O seu diagnóstico foi: "são e irradiante de força vital". No final das contas, os policiais se deram por convencidos de que ele não havia andado na corda bamba por uma avidez sensacionalista e tampouco porque quisesse ganhar dinheiro ou aparecer diante das pessoas. Tratava-se simplesmente de uma pressão interior: Ele viu as torres e precisava sobrepujar a distância entre elas. Finalmente, houve uma solução amigável: o artista não foi punido. Contudo, ele precisava se comprometer a apresentar sua arte às crianças no Central Park.

A imprensa mundial escreveu sobre o acontecimento naquela época e artistas de todo o mundo viram em Philippe Petit um exemplo. Também Henri J.M. Nouwen, o grande escritor religioso, que sempre vira no circo um modelo para a vida espiritual, estava fascinado por Philippe Petit, por ele ter feito tão naturalmente aquilo que sentia como uma necessidade interior.

Não precisa ser a sensação de Nova York. Muitos também já vivenciaram o fascínio dos dançarinos equilibristas sobre a corda bamba em algum pequeno circo. De onde emerge esta fascinação? Aquilo que eles fazem não tem proveito algum, não traz nenhum progresso no conhecimento e também não dura muito, é coisa fugaz. Quando a apresentação acaba, remanesce somente um sentimento e a lembrança de uma imagem. Porém, nessa emoção e nessa imagem algo nos toca, que interpela uma camada mais profunda em nós e que tem a ver com angústia em relação à nossa sorte. É o anelo mais profundo na manutenção do equilíbrio em situações difíceis e na esperança de não ser vítima de um desastre, apesar de todas as ameaças à nossa vida.

Encontrar o equilíbrio certo é, pois, a arte, e os equilibristas dominam essa arte sobre a corda bamba nas alturas e colhem por isso ovações e entusiasmo. Especialmente, quando estes demonstram sua arte justamente em situações nas quais nós perderíamos o nosso equilíbrio em virtude do medo. Para Philippe Petit tratava-se de um ímpeto interior de mostrar que era possível andar sobre o cabo de aço no lugar mais elevado e não despencar. E, dessa mistura entre perigo e segurança, entre destreza, leveza e tensão, nós nos sentimos tocados e interpelados, enquanto espectadores – também nas profundezas de nossa percepção anímica.

Já a própria linguagem mostra o que *também* está em jogo nesta questão: A mesma raiz que se encontra em *Balance*, no sentido de equilíbrio, também se encontra em *Bilanz*, no sentido de balanço contábil. O balanço põe o crédito e o débito, ganhos e perdas, saídas e entradas em equilíbrio. Empresários calculam um em relação ao outro e esperam, ao final do ano, poder apresentar um balanço equilibrado. O que vale para o resultado da empresa, nós também transferimos para a nossa vida pessoal. Neste sentido, por exemplo, fala-se em um "balanço de vida". Desejamos muito, quando fazemos tal balanço, que também ali, realização e frustração, altos e baixos, alegria e pesar estejam equilibrados e que nós não entremos em uma condição anímica adernada. Desejamos permanecer em um equilíbrio interior e não sermos puxados para baixo pela força gravitacional.

Os latinos usam, neste tocante, a expressão *aequo animo*, ou seja, o equilíbrio da alma ou a equanimidade. São Bento espera do Cellerar, que era o responsável pelas questões administrativas do mosteiro, que ele realize seu trabalho com *aequo animo*. O interior e o exterior devem se corresponder. Ele não só deveria apresentar ao mosteiro, no final do ano, um balanço favorável, como também resguardar o balanço dentro de si mesmo. Isto é, que os problemas relacionados à administração não tenham a força de tirá-lo de seu prumo, mas que ele fosse capaz de avaliar tudo com um coração sereno e grande. De acordo com Bento, o equilíbrio requer largueza interior. Quem fica de pé de maneira retesada, não se aguenta por muito tempo, pode ser derrubado facilmente. Precisamos da amplidão para não sermos deslocados do equilíbrio por qualquer frustração ou mágoa.

O psicólogo suíço C.G. Jung afirma que todo ser humano sempre possui dois polos: o da razão e o da emoção; do amor e da agressão; do consciente e do inconsciente; do masculino e do feminino. A arte da individuação consiste em considerar ambos os polos em igual proporção. De fato, geralmente sucede assim, que na primeira metade da vida as pessoas tendem a viver conscientemente somente um dos polos. Neste caso, o outro polo é deslocado para o inconsciente. Jung fala, neste contexto, da sombra. Na sombra habita tudo aquilo que excluímos da vida. Contudo, enquanto isso permanecer na sombra, muitas vezes repercutirá de maneira destrutiva em nossa alma. A emoção reprimida mostra-se no excesso de sentimentalismo, quando somos inundados por sentimentos e não conseguimos mais lidar adequadamente com eles. A agressividade reprimida se expressa em juízos severos em relação aos outros ou também em estados de humor depressivos. Muitas vezes ela dormita sob uma fachada afável. Mas é possível perceber por trás dessa afabilidade as flechadas agressivas que partem desta pessoa. O caminho da individuação passa pela aceitação e integração da sombra. Precisamos colocar em equilíbrio o consciente e o inconsciente. Esse equilíbrio, entretanto, não é algo estático. Psicólogos se referem muito mais em um "equilíbrio fluido". Precisamos sempre reencontrar este equilíbrio vivo.

No contexto da tradição espiritual, foi especialmente o filósofo da religião Romano Guardini quem, no século passado, se ocupou com a questão da tensão correta e do equilíbrio adequado do ser humano. Sua compreensão de espiritualidade baseia-se na filosofia dos antagonismos por ele desenvolvida. Nela, Guardini demonstra que tudo o que é vivo se apresenta em antagonismos: como oposição entre dinâmica e estática, entre forma e preenchimento, entre totalidade e particularidade, entre originalidade e regra, entre imanência e transcendência. A vida é sempre de dupla-face, isto é, composta de polaridades. E, mesmo assim, ela demanda a unidade. Porém, esta unidade não suspende o antagonismo e sim gera uma tensão saudável, isto é, um bom equilíbrio. A partir dessa noção, Guardini estava imune a qualquer forma de exagero, como estes que sempre de novo se apresentam na espiritualidade católico-romana. Com isso, Guardini se situa em uma boa e longa tradição. Pois já os antigos monges entendiam que "todo o excesso vem dos demônios". Sua compreensão era a seguinte: Se eu somente for piedoso e ignorar minhas necessidades humanas, muitas vezes necessidades bem banais irão se confundir à minha piedade, como a necessidade de reconhecimento e de simpatia ou de poder e de autoimposição. A verdade desta compreensão continua valendo até hoje.

Poder-se-ia chamar também este opúsculo de "pequena escola de vida". "Não é para a escola que aprendemos, mas para a vida", afirma-se desde longa data. Pedagogos de hoje, ao se referirem às novas exigências da sociedade, falam em um aprendizado ao longo de toda a vida. Hoje aprendemos muitas coisas, mas aquele conhecimento elementar sobre a vida, que antigamente nos era repassado pela tradição ou pelo exemplo pessoal, fica para trás. Pois não estão em questão somente habilidades aplicáveis e aproveitáveis quando nos referimos a uma vida bem-sucedida e de boa qualidade. Mas, trata-se também de buscar, ao perguntarmos por aquilo que caracteriza uma vida bem-sucedida e repleta de sentido, um balanço adequado, um equilíbrio entre as diferentes exigências, que advêm de todas as partes e se impõem ao indivíduo; isto é, uma postura adequada que necessitamos para bem viver. A "formação" para este equilíbrio é tarefa diária. E a nossa lição sempre renovada é exercitar este equilíbrio.

O amadurecimento e o desenvolvimento nunca cessam. Na escola de nossas vidas, cabe encontrar o equilíbrio certo entre os polos dentro de nós. Por isso, os breves quinze capítulos desta escola de vida sempre estão formulados de tal modo que, para cada aspecto, sempre também o seu polo oposto é considerado.

Devo a São Bento esta forma de escola de vida. Ele escreveu, em suas regras para os monges, que ele pretendia erigir uma escola para o serviço ao Senhor.

Nesta fundação esperamos não afixar nada que seja rigoroso ou pesado. Se, todavia, por alguma razão bem pensada, tiver um caráter mais severo, no intuito de corrigir erros e preservar o amor, então não se deixe confundir logo pelo medo e não fuja do caminho da salvação; este caminho, inicialmente, pode não ser outra coisa do que estreito. Quem, no entanto, progredir na vida monástica e na fé terá o coração alargado e trilhará, na alegria inefável do amor, o caminho dos Mandamentos de Deus (Regras Beneditinas, Prólogo, p. 46-49).

Bento quer ensinar a polaridade da vida aos seus monges. Através da estreiteza, o monge alcança a largueza. Bento não quer nada severo. Mesmo assim, ele desafia seus monges com certa rigidez. São necessários, portanto, sempre ambos os polos, para tornar-se uma pessoa sábia e madura. Bento fala da arte espiritual, *ars spiritualis*. Por isso, ele entende: O monge precisa aprender nesta arte da vida saudável certa habilidade. Para isso, são necessárias ferramentas e uma oficina. Para Bento, a oficina é o espaço de vida de seus monges, ou seja, o mosteiro. Os instrumentos são os ensinamentos da Bíblia e os conhecimentos da tradição espiritual.

Nossa oficina, nosso lugar de aprendizagem é o cotidiano. E a escola da vida necessita, assim como qualquer escola e qualquer aprendizado, de exercício e de ascese. Na filosofia grega da *Stoá*, ascese significa o exercício da virtude. Ascese é sempre também o exercício da liberdade interior. Bento entende que os monges podem se exercitar melhor na liberdade interior e na virtude, através da arte espiritual, frequentando para isso a escola de um mestre espiritual na oficina do mosteiro.

Assim, caro leitor, querida leitora, eu quero convidar você em seguida a ir à escola dos mestres da vida espiritual, há muito tempo meus professores, e a aprender a arte da vida saudável.

1

Esteja aberto a tudo que
cruzar seu caminho,
mas siga sua
própria estrela

"*A*prender é como um mar sem orla." Esta frase é do sábio chinês Confúcio. Ele fala da incomensurável abertura da realidade que nos acompanha por toda a vida. Quem quer aprender precisa estar aberto a tudo que vem ao seu encontro. Isso começa na mais tenra infância e se estende por toda a vida. Na escola, a aprendizagem é institucionalizada, não obstante, uma boa escola não transmite somente a matéria e os conteúdos das diferentes disciplinas. Ela transmite muito mais a capacidade fundamental para a aprendizagem permanente e autônoma ao longo da vida e estimula as precondições para que possamos dar conta das nossas vidas, mesmo após havermos deixado o abrigo protetor da instituição escolar. Pois, já na escola, não está em jogo apenas a aplicação imediata do aprendizado e do conhecimento concreto assimilado. Trata-se, sobretudo, de exercitar-se em muitas áreas para conseguir adquirir a capacidade de conhecer a vida em sua diversidade e de conseguir situar-se em sua amplidão. É importante e

ANSELM GRÜN

conveniente que se adquira o domínio de algumas técnicas de estudo; mas, para viver com habilidade, verdadeiramente, é necessário ainda algo diferente e mais fundamental: uma atitude de abertura e de curiosidade.

Uma atitude desta natureza também pode proporcionar grandes alegrias. Quando eu relembro os meus tempos de escola, o que me vem à mente é que eu simplesmente me interessava pelo que os professores diziam. A escola não me causava repulsa e tampouco tédio. Eu queria saber tanto quanto fosse possível. A vida era tão interessante, diversificada e cheia de tonalidades. Naturalmente, havia também matérias pelas quais tinha menos interesse. Hoje, todavia, sou grato aos meus professores, porque evidentemente souberam nos entusiasmar para a vida e para o mundo. Nós despertamos o interesse pela história porque não nos foram inculcados apenas fatos, mas também nos foi repassado o prazer em conhecer as ideias dos grandes filósofos e a vida intelectual dos gregos e romanos. Com essa curiosidade e abertura, eu também ingressei no mosteiro e me entusiasmei pelos monges antigos. Eu estava fascinado pela radicalidade de sua forma de vida, pela sua ascese decidida, mesmo que a princípio muitas coisas me parecessem incompreensíveis. Porque despertavam o meu interesse, eu queria conhecê-los mais a fundo. Através do estudo da teologia, descortinou-se para mim o mundo intelectual e espiritual. Eu não queria apenas estudar para saber das coisas ou para ter bom desempenho no exame. Eu queria compreender aquilo que está por detrás dos enunciados fixados pela escrita. Eu me interessava pelo porquê de os teólogos dos séculos passados terem pensado daquela forma e não de outra e qual era a experiência existencial, social e espiritual que estava por trás de suas ideias; ou seja, o que os movia no fundo do seu ser. Isso não era nada abstrato, mas tinha a ver comigo e com minhas próprias dúvidas.

Justamente após a Primeira Guerra Mundial havia entre os jovens um grande sentimento de arrebatamento. Naqueles dias, quando Romano Guardini realizava um retiro espiritual para jovens no Castelo de Rothenfels, muitos deles se reuniram em torno dele para debater longamente sobre questões relacionadas à fé e à vida. Era, naquela época, uma juventude ávida por saber. Discutia-se sobre a verdadeira forma de fé, sobre o sentido da vida, a respeito das questões fundamentais do ser humano. Hoje em dia, não só professores de teologia se queixam do fato de que muitos estudantes de forma alguma querem discutir. Querem tão somente aprender os conteúdos para os seus exames, para que possam ter um bom desempenho. Tudo o mais parece não lhes interessar. Isso leva a um estreitamento do pensamento e do horizonte intelectual e, em última análise, a uma perda da vivacidade intelectiva. É necessária a abertura aos problemas deste mundo para conseguir discernir por conta própria o caminho apropriado para si mesmo.

Obviamente, também a abertura pode se tornar um problema. A falta de orientação em um mar aberto pode se tornar letal. O perigo da abertura, no sentido de falta de orientação e de responsabilidade em nossas próprias vidas, é o de correr atrás de qualquer modismo. "Estar aberto em todas as direções" também pode significar evitar confrontos, temer comprometimentos, e com isso escamotear o fato de que, na verdade, não se possui uma posição segura e sólida. E assim se

ANSELM GRÜN

diz hoje em dia, com certa razão, "quem está aberto em todas as direções, 'não regula bem'"[1]. Ao lado de um sujeito de tal forma "aberto", tem-se a impressão de que tudo "vaza" dele. Ele não consegue deter-se junto a si mesmo. Ele não encontra nenhum ponto de apoio firme. Ser "aberto" desta forma significa interessar-se por tudo, sem, contudo, experimentar tudo antes. Acompanhamos os modismos, andamos atrás do espírito da época e modificamos a cada dois anos a nossa opinião e o nosso estilo de vida. Permitimos, então, que gurus espiritualistas, aqueles que estão em voga, nos preditem como deveríamos viver. Estes nos dizem o que devemos fazer para que, supostamente, nossas vidas deem certo. Hoje em dia, surgem constantemente novas tendências, tanto no âmbito religioso quanto psicológico, que logo são seguidas e das quais se espera a cura. Muitas vezes falta, porém, a confrontação pessoal, ou seja, a análise própria, pessoal e responsável. Alguns acham que poderiam perder algo se não chegassem a tempo para acompanhar o "último grito" no que diz respeito à vida saudável. Mas assim, somente pulam "de galho em galho" e não conseguem ir para frente. Movimentam-se constantemente e ainda assim possuem um norte, uma meta.

O místico João Tauler encontrou uma bela imagem para o desenvolvimento intelectual e espiritual: ele emprega a imagem da cobra que se despe de seu couro antigo para que o novo possa crescer. Para isso, ela procura duas pedras dispostas bem próximas entre si e serpenteia pelo estreito entre elas,

---

1. Literalmente, *dicht* significa cerrado, fechado, impermeável. O autor, porém, alude ao sentido metafórico de *"nicht dicht sein"*, empregado na linguagem coloquial, no sentido, também coloquial, no português do Brasil, de "não regular bem" (N.T.).

de modo a se desvencilhar do couro antigo. Assim também nós necessitamos passar por algum estreito ao longo de nossas vidas. Aí então a nossa vida se transforma realmente. Então somos renovados interiormente. Se eu sempre pular em um novo galho, embora isso implique estar em constante movimento, não conseguirei atravessar o desfiladeiro, a partir do qual eu poderia experimentar uma transformação.

Os encontros podem operar por si próprios o milagre da abertura. Quando pessoas realmente se encontram, homens e mulheres, jovens e idosos, amigos e estranhos, então se descortina um horizonte mais amplo, que permite contemplar o mundo com um novo olhar. Os encontros modificam as pessoas e a verdadeira proximidade que deles resulta lhes confere uma largueza maior. E eles também transformam o mundo, tornam-no mais iluminado. Mas eu também não posso me dissolver ou me fundir neles. No encontro bem-sucedido, eu também sou capaz de me experimentar de maneira mais intensa e melhor. E, não obstante toda a minha abertura para o que há de novo no mundo e para novos caminhos, seja no âmbito espiritual, psicológico ou médico, eu preciso seguir meu próprio rastro. Assim como são necessárias, para o meu desenvolvimento pessoal e para as minhas relações com outras pessoas, sempre ambas as coisas – proximidade e distância; aproximação e afastamento; compromisso e liberdade; solidão e comunhão –, também, a tarefa de localizar o meio-termo adequado entre os polos perdura por toda a vida. Ou seja, aquele que se situa entre a abertura a tudo que vem ao meu encontro e o reconhecimento daquilo que é decisivo e importante para a minha vida.

Eu preciso me tornar sensível àquilo que corresponde a mim. Preciso de uma percepção para a minha singularidade.

Cada ser humano é único. Cada qual possui a tarefa de marcar este mundo com seu rastro de vida único. Em última análise, é isto que está em jogo na minha vida, neste tempo restrito que me é disponível. E esta consciência precisa ser levada a sério. Para descobrir o meu rastro de vida mais particular, pode ser útil eu me abrir para a realidade da vida em toda a sua plenitude e me deixar estimular pelas muitas coisas que eu aprendo a conhecer no mundo exterior.

Porém, mais importante ainda é que eu ausculte meu mundo interior:

• Onde eu experimento harmonia?

• Onde em mim flui a vida?

• Quem sou eu mesmo?

• Acaso eu me forcei dentro de um espartilho que os outros me vestiram com suas expectativas?

• Qual é a imagem única que Deus fez de mim para si?

• Ou, qual é a palavra, que Deus somente falou sobre mim e que precisará ser registrada neste mundo através de mim?

Estas são as questões que podem me levar ao meu rastro de vida único e mais fundamental. Naturalmente, eu não sou capaz de responder prontamente através de frases concretas a estas perguntas. Este sentir para dentro de si mesmo necessita de tempo e de paciência. Necessita também de experiência, que não é dada simplesmente de um dia para o outro. Mas, se eu me defrontar com estas questões, entro paulatinamente mais em contato com minha unicidade, alcanço um tato inconfundível para o meu ser. Talvez também se formem palavras que exprimam o meu rastro de vida.

Para mim, pessoalmente, uma palavra assim é amplidão. Eu quero irradiar com um coração amplo, também ao redor de mim, largueza e liberdade.

Outra pessoa ouve dentro de si a palavra transparência. Ela enxerga seu rastro de vida em ser transparente em relação a si mesma e de se empenhar por transparência em seu entorno e de contribuir para uma maior transparência daquilo que está confuso e obscuro.

Ainda outros se sentem interpelados pelo valor da beleza. Uma mulher, que eu pude acompanhar em sua busca pela sua própria missão de vida através de conversações, sentia dentro de si a palavra beleza. Para ela era importante arrumar os espaços em torno de si com sensibilidade estética e tornar a vida bela para as crianças para as quais trabalhava, isto é, proporcionar-lhes horas agradáveis.

Nós devemos aprender na escola da vida aquilo com que nos deparamos em nosso caminho e aquilo que o mundo que nos circunda estabelece. Somente quem conhece e compreende o seu entorno é capaz de se comunicar com ele e de experimentar comunhão.

Mas também precisamos aprender a descobrir dentro de nós a nossa unicidade e a seguir a nossa própria estrela, aquela que somente se localiza sobre a nossa própria vida. Se nos orientarmos demasiadamente pelos outros, nos tornamos insatisfeitos ou frustrados. Porque agindo assim nós não conseguimos alcançar o que desejamos ou nos esgotamos. Desperdiçamos a nossa energia em um projeto ou em uma meta que não combina conosco. E aí, então, não temos mais reservas para a nossa própria vida e para deixarmos o nosso rastro pessoal. Muitas vezes, o esgotamento é um sinal de que não estamos seguindo o nosso próprio rastro, mas nos comprimimos em uma forma que não está de acordo conosco. E, às vezes, nós também adoecemos quando vivemos contra este nosso rastro.

Seguir a própria estrela e enterrar nesse mundo o próprio rastro de vida não significa que eu preciso realizar algo grande ou significativo aos olhos do meu meio. Trata-se de outra coisa: Que eu esteja em contato com o âmago do meu ser e que eu irradie isso para dentro deste mundo. Uns irradiam entusiasmo e alegria pela vida; outros irradiam sabedoria e profundidade, esperança e confiança.

Eu sempre de novo escuto as queixas: "Mas eu não sei nada em especial. Eu não escrevi nenhum livro, não criei nenhum projeto e não deixei obra alguma para trás".

Porém, cada um de nós levanta pela manhã e encontra outras pessoas. Em cada encontro eu irradio algo. É minha tarefa, reconhecer esta tarefa. Depende de mim, se encontro as outras pessoas como alguém disperso e enclausurado em si, insatisfeito e rabugento, ou se o faço com abertura, interesse e cortesia. Depende de mim afastar-me dos outros ou escuta-los, quando irradio brandura e amor.

Uma irradiação positiva sempre é possível, mesmo sob precondições difíceis. Uma mulher depressiva achava, de maneira totalmente resignada em uma conversa comigo, que ela não era capaz de irradiar coisa alguma. Ela teria sofrimento suficiente com sua depressão. Eu tentei transmitir-lhe outra perspectiva: que ninguém esperava dela que irradiasse bem-estar ou otimismo. Mas que se tratava de uma decisão sua, se ela se reconciliasse ou não com sua depressão. Pois se ela se reconciliasse com sua depressão, seria capaz de irradiar algo de esperança e de profundidade, apesar de seu humor abatido. Aí as pessoas perceberiam nela que a vida não é tão simples assim, que ela possui uma profundeza insondável. No encontro com uma pessoa assim, temos uma ideia do mistério de se ser humano e dos abismos da alma humana. Naturalmente, esta mulher também poderá tornar os outros responsáveis pela sua depressão, por não a compreenderem ou não a visitarem. Contudo, assim ela irradiaria amargura e se tornaria uma repreensão viva para todos os demais. Ela tem a alternativa. A decisão está em suas mãos.

Para todos nós vale o seguinte: Não podemos escolher o nosso particularíssimo rastro de vida. Mas se nós conseguirmos nos reconciliar com a nossa vida e viver a nossa vida singular em sua grandiosidade e em sua fraqueza, de forma consciente, então parte de nós um rastro que também convida todos os demais para a vida.

Seja aberto a tudo em sua vida.
Mas siga a sua própria estrela.
Deixe-se estimular por tudo aquilo que vem ao seu encontro.
Penetre no mistério do viver.
Procure-o com todos os seus sentidos.
Procure perscrutar os altos e baixos da vida.

Sobretudo, seja aberto para os muitos encontros,
que diariamente você pode vivenciar.
Deixe-se transformar por cada encontro.
Cresça sempre mais para dentro de sua própria e única forma,
através de cada ser humano
que cruza com você em seu caminho.
Mas, prossiga em meio a isso tudo, o seu próprio caminho.

Divise a sua própria estrela.
Seja atento a você mesmo.
Desenvolva uma boa sensibilidade
em relação à sua própria identidade.
Seja atento àquilo que,
de forma bem pessoal, lhe define.
Você é único e singular.

Delimite-se muito bem,
antes que você se perca a si mesmo.
Defina um limite,
quando sua energia flui de você.
Pare,
quando os seus contornos ameaçarem a desaparecer.
Sinta para dentro de você.
Perceba aquilo que não é adequado para você.
Viva de acordo com o seu próprio estado de humor.
Não se norteie pelos outros.
Viva da maneira mais correspondente ao âmago do seu ser.

Atente sempre àquilo
que distingue o seu ser.
Você irá reconhecê-lo
quando estiver em uníssono com você mesmo.
Quando você sentir em você uma paz profunda.
Você o sentirá
quando a vida fluir em você.

2

Entre em contato
com o seu tempo,
mas busque o
seu próprio ritmo

"Viver", alguém disse certa vez, "significa, sobretudo, lidar com o tempo". Viver não significa apenas passar o tempo, ou seja, conseguir "gastar o tempo". Nós moldamos nossa vida, conferimos-lhe forma e sentido também através da lida consciente com o nosso tempo. Todavia, não estamos abandonados à nossa sorte e, tampouco, somos sempre os senhores sobre a nossa própria vida. Justamente na vida profissional nós podemos sentir isso. Nós não podemos escolher aquilo que diariamente temos de executar. Muitas coisas estão preestabelecidas e ocupam nosso tempo. Em raras situações temos a graça de dispor livremente dele. Precisamos aceitar aquilo que cada novo dia exige de nós. É decisivo, no entanto, como eu aceito este tempo e me preparo para aquilo que vem pela frente. Eu posso ver no tempo um inimigo. Então eu sempre terei de lutar com o tempo que me é dado. Eu procurarei explorar da melhor maneira esse tempo e tentarei concluir o mais rápido possível o meu tempo de trabalho, para ter mais tempo para mim mesmo. Contudo, também então, quando finalmente terei tempo para mim mesmo, eu novamente preencherei todo o meu tempo com muitas novas atividades.

Os monges da Antiguidade escolheram outra forma de lidar com o tempo. Eles buscavam ser vigilantes a cada momento. Eles reconheceram que o tempo que dispomos é o tempo que nos foi presenteado por Deus. E que não é tão importante aquilo que exatamente fazemos. Decisivo é que, em cada momento, estamos diante de Deus. E, se eu, neste instante *coram Deo*, trabalho ou medito, isso não é fundamental. De acordo com as regras de São Bento, é possível, inclusive aos domingos de manhã, atribuir tarefas aos monges incapazes de ler ou de dedicar-se à meditação. Desta maneira, também eles podem ligar-se a Deus. Se eu estou totalmente presente a cada momento, então eu nunca vivencio o tempo como apertado *e* limitado. Eu sou agora, neste instante. E este momento me é ofertado. Eu procuro estar plenamente presente, mas não me coloco sob pressão. Eu não olho para o relógio, para concluir a atividade o mais rápido possível. Alguns pensam que precisam da pressão do tempo para trabalhar de maneira efetiva. Porém, se eu estiver livre para aquele momento, então o trabalho simplesmente efluirá de mim. Eu estarei livre da pressão. E esta liberdade interior, de fato, me permitirá trabalhar de forma mais efetiva do que se eu sempre olhar para o relógio e procurar resolver tudo o mais rápido possível. Viver totalmente no momento é um requisito importante para a felicidade.

Se eu não encarar o tempo como um inimigo, mas como um amigo, então eu o vivenciarei de outra maneira. E terei vontade de usá-lo para o trabalho, para me dedicar totalmente a ele. Então também o tempo para o trabalho também será o meu próprio tempo. Ele me pertence, não me é algo estranho. É o tempo em que eu me concentro no trabalho e me entrego a ele. Neste caso, eu posso aproveitar o período de trabalho, assim como também desfruto do tempo livre. Tempo livre, no sentido hodierno, não existia no tempo dos monges antigos. Hoje em dia, achamos que este tempo nos pertence. Na realidade, muitas vezes, nos tornamos escravos de nosso tempo livre, por não sabermos o que fazer com ele, o preenchemos com atividades de lazer. Assim, o tempo livre passa a ser um tempo de trabalho, sob outro nome. Continuamos tão ativos quanto antes, com a diferença de que agora se trata de uma atividade livremente escolhida. Isso não tem nada a ver com ócio. Os romanos falavam de *otium*, ou seja, do ócio. Para eles, o ócio era algo especial: um tempo sagrado que lhes pertencia e que eles fruíam. O tempo sagrado é aquele tempo que é totalmente meu. Ele não pode ser atrapalhado por ninguém. Neste tempo sagrado eu estou totalmente comigo mesmo. Aí, então, eu estou em contato comigo mesmo, com a dimensão intacta e sagrada dentro de mim.

Cada um necessita em sua vida de zonas assim, que lhe sejam sagradas e que não estejam disponíveis ao acesso dos demais. Precisamos proteger estas zonas. Elas criam um espaço sagrado que está livre dos constantes apelos alienantes que recaem sobre nós e resguardam um valor, que não deve ser disputado por nenhum outro valor. Neste tempo sagrado, consigo respirar, entro em contato comigo mesmo e estou conectado com Deus. Ali eu sinto como eu me regenero e volto a ser inteiro. O tempo sagrado me faz bem. Ele sara minhas feridas. Ele torna translúcido dentro de mim aquilo que se enturvou.

Ele tem um efeito curativo, porque os interesses econômicos não têm a última palavra e também porque ali ninguém tem o direito de decidir sobre nós. Aqui nós temos o direito de fazer aquilo que faz bem à nossa alma e ao nosso corpo. A partir desse tempo sagrado, tenho condições de novamente admitir aquele tempo que é caracterizado pelas exigências provenientes de fora de mim.

Existe o tempo sagrado e o tempo profano. E há o tempo rápido e o tempo lento. Quando eu trabalho, o serviço deve ser feito o mais rápido possível. Isto é um indicativo de uma espiritualidade saudável, pois não há quaisquer bloqueios vindos de dentro que me refreiem. E também há o tempo lento, quando eu conscientemente diminuo a velocidade do tempo. Eu, conscientemente, caminho devagar. Pois aí, cada passo me pertence. Eu me deixo tempo para ler, para escutar música, para estabelecer um diálogo. Quando eu leio, leio; quando ouço música, ouço música. E quando converso com alguém, não há nada que desvie minha atenção do outro. Neste caso, eu não olho para o relógio, eu aproveito o tempo. Não se trata de tempo perdido, mas de um tempo agraciado. Eu mergulho no momento assimilando-o com todos os meus sentidos e desfruto da lentidão do tempo, enquanto algo novo pode amadurecer dentro de mim.

Por si mesma, naturalmente, a lentidão não representa nenhum valor. O mesmo pode ser dito em relação à pressa. Justamente em uma época quando a pressão aumenta cada vez mais e a aceleração se intensifica constantemente, deveríamos ter isso presente, ou seja, algumas coisas precisam o seu tempo. A agitação e a pressa exagerada são um veneno para algumas coisas importantes na vida. Neste caso, necessitamos da

ENCONTRAR O EQUILÍBRIO INTERIOR

capacidade de aguardar o tempo certo. Isso vale tanto para o desenvolvimento das crianças quanto para a amizade entre as pessoas ou para o amor entre o homem e a mulher. Também vale, todavia, para alguns passos importantes em nossa vida: às vezes, nós precisamos aguardar até que o tempo para a tomada de uma decisão esteja maduro.

A fuga na celeridade não é o caminho para a felicidade. E, quando a exigência é do tipo "tudo ao mesmo tempo", "tudo para ontem" e a cada momento, então, definitivamente, esta não é a divisa para a verdadeira felicidade. Existem pessoas que não conseguem concentrar-se em uma coisa só. Ao escutarem música, elas simultaneamente leem. Ou, ao tomarem uma refeição, assistem tevê. Elas viajam e, ao mesmo tempo, telefonam. Estão em algum lugar, mas, de fato, não estão em lugar algum. Nunca estão lá onde no momento se movimentam. Também preenchem o seu tempo livre com atividades ininterruptas. Preenchem, desproporcionalmente, o seu tempo com muitas coisas, mas, ao mesmo tempo, não são capazes de assumi-las. Elas querem ardilosamente trapacear o tempo, fazendo para isso cada vez mais coisas e aproveitando cada instante. Porém, quem age assim, em algum momento, se tornará incapaz de continuar percebendo o tempo e de desfrutá-lo. Em última análise, algo assim não nos satisfaz e nem nos faz bem. Muitas vezes, isso até nos torna doentes, quando não encontramos mais o equilíbrio. Poderíamos encarar isso tudo como uma doença dos tempos modernos, que procura dissolver os limites que nos foram predeterminados pela natureza.

Os antigos sempre viveram em um ritmo determinado, dado pela natureza. A modernidade redescobre este fato. Na medicina, por exemplo, fala-se em biorritmo. Uma forma de viver que nos seja adequada, isto é, uma maneira que nos seja apropriada e saudável, depende do ritmo da natureza, mas também do ritmo interno de cada pessoa. Nenhum ser humano é como o outro. Os homens também são diferentes das mulheres. As crianças também o são, em relação a idosos. Eu preciso descobrir meu ritmo pessoal, para que minha vida frutifique e com isso eu me sinta bem no tempo. Isso tem repercussões bem concretas e também não pode ser normatizado: para uma pessoa, o ritmo de levantar cedo e de aproveitar as horas matinais é adequado; já para outra, é adequado levantar mais tarde e usar a noite como um tempo criativo. Determinada pessoa consegue trabalhar cinco horas a fio; já outra, precisa de um breve intervalo a cada duas horas. Não deveríamos nos submeter a alguma escala normativa, mas auscultarmos o nosso interior para descobrir qual o ritmo que nos é adequado. Para mim é importante levantar cedo para aproveitar o espírito arejado da manhã para a meditação, para a leitura e para a atividade de escrever. Para isso, eu preciso de uma meia-hora de soneca após o almoço. Neste curto espaço de tempo eu me regenero. À noite, eu somente consigo escrever quando tiver me deitado no período vespertino mais uma vez por dez minutos para me desvencilhar do peso do dia. Aí então eu consigo novamente me focalizar em uma atividade intelectiva. Mas sei que isso não me é possível, quando estou muito cansado ou quando não pude descansar à tarde. Somente quando nós não nos violentamos, mas lidamos de maneira inteligente conosco e com o nosso ritmo interior, nossa vida se tornará fecunda. Assim, conseguiremos realizar mais coisas em nossas horas criativas do que se nos forçarmos a continuar trabalhando ininterruptamente por um longo período.

Justamente nas horas agitadas, com suas exigências exteriores sempre mais acentuadas, deveríamos buscar o nosso próprio ritmo. Quando temos a sensação de que nosso compasso de tempo é determinado a partir de fora, pelo nosso trabalho, pelas nossas muitas responsabilidades e precisamente porque não podemos simplesmente escolher aquilo que queremos e o quanto podemos realizar, é nossa tarefa primordial, apesar de todas essas exigências externas, ainda assim, encontrar o próprio ritmo e assim também nos centrarmos em nós mesmos.

Conseguir lidar bem com o tempo é uma arte que pode ser aprendida, mas trata-se também de um caminho para a felicidade. Nós não alcançaremos a felicidade se corrermos atrás dela. Nós não a alcançaremos através da inquietação e da agitação, mas se pararmos, nos aquietarmos em nosso coração e a encararmos como uma dádiva que Deus colocou em nosso coração. A felicidade é como um lago: somente quando ele estiver bem calmo, pode se refletir nele a beleza do mundo. E, se estivermos quietos, reflete-se em nós a glória que nos envolve.

Admita seu tempo,
mas busque o ritmo
adequado para você.
Lide bem com o seu próprio tempo.
Ele é o seu tempo de vida.
Muitas coisas lhe são exigidas.
Procure cumpri-las
de modo que correspondam ao seu próprio ritmo.
As expectativas dos outros
querem definir você.

Não se deixe definir pela agenda.
Libere a pressão que pesa sobre você.
Tudo tem seu tempo.
Concentre-se no momento.
Ele pertence a você.
Dê tempo a si mesmo.
Encare seu tempo de forma positiva.

Não se lamente, dizendo que você não tem tempo.
Tempo é sempre uma dádiva.
Cumprimente o dia pela manhã.
Ele hoje é um presente para você.
Tome sempre tempo para você mesmo.
E lide ciosamente com o seu tempo;
deixe-o fluir;
sinta-o
e pressinta assim o seu mistério.

Perceba as diferentes qualidades do tempo:
O tempo lento,
do comer e do desfrutar,
do caminhar e do meditar;
e o tempo rápido,
do trabalho instantâneo e efetivo,
quando você tem verdadeiro prazer
em dar conta de sua lide.

Abandone as fixações.
Assim você irá experimentar
que possui tempo suficiente.
Ele tão somente depende
de como você o encara,
de como você o organiza,
de como você lida com ele.

Encontrar o equilíbrio interior

O tempo é um presente para você.
Aproveite-o.
Encare-o como um amigo.
Ele é um anjo
que acompanha você durante o seu dia.
Um anjo que introduz você
no mistério da vida.

3

Modele o mundo, mas não se perca nele

$\mathcal{N}$inguém é uma ilha, somos parte do mundo no qual vivemos. O mundo em que vivemos, todavia, nos é apresentado como uma tarefa e entregue à nossa responsabilidade. Nós amadurecemos quando levamos a sério esta tarefa. Mas nós também não devemos nos perder nela. Sempre novamente trata-se de encontrar o equilíbrio certo entre os polos: oração e trabalho; luta e contemplação; engajamento e espiritualidade; mística e política. Também aqui está em jogo a correta correlação e nem sempre o equilíbrio é bem-sucedido. O filósofo americano Ken Wilber, autor de uma série de livros sobre espiritualidade, avalia que a cena espiritual dos últimos vinte anos do século XX nos Estados Unidos esteve em perigo de se reduzir a uma completa regressão narcisista. Sempre se tratava tão somente do sentir-se bem. Porém, de uma espiritualidade destas, que não leva em conta os outros e somente se volta para si mesma, não emana nenhuma força para o nosso mundo. As pessoas que se dedicam a uma espiritualidade desse tipo orbitam em torno de si e do seu bem-estar, ou seja, em torno de sua própria experiência interior. Contudo, elas não possuem energia para modelar o mundo. Quem somente presta atenção em si mesmo perde a chance de escutar aquela voz silenciosa, que atrai para fora da órbita em torno da própria vida. Quem somente se agarra às suas experiências não consegue se soltar de si mesmo, também não é livre para enfronhar-se no mundo com os seus problemas. O mundo somente lhe incomoda em sua ocupação consigo mesmo. Somente quem sobrepuja seu ego e entra em contato com o seu fundamento interior irá experimentar uma liberdade autêntica. E, a partir desta liberdade, conseguirá se dedicar também ao mundo.

O cristianismo, enquanto religião da encarnação, também sempre se imiscuiu neste mundo, moldando-o. Não obstante, o Apóstolo Paulo sempre também alertou para o fato de a forma deste mundo ser evanescente. Uma compreensão assim conduz à atitude de que o nosso agir neste mundo sempre será sob a ressalva: Não podemos pressupor que aquilo que realizamos permanecerá eterno. Mesmo assim, é nossa tarefa participar na construção deste mundo. Não podemos nos eximir da responsabilidade por ele.

Inclusive os monges, que se retiraram do mundo, tiveram coparticipação na sua formação. Isso vale, até mesmo, para os eremitas do deserto egípcio. Eles, conscientemente, se mudaram para o deserto, outrora domínio dos demônios. Tinham a ambição de vencer as suas paixões e os demônios no lugar mais atro do mundo. E eles criam que, ao fazê-lo, o mundo inteiro se tornaria, através do seu feito, mais iluminado e pacífico. Seu agir não permaneceu oculto às pessoas pelo mundo afora. De Roma e de Atenas as pessoas peregrinavam em direção aos monges do deserto para que, através da conversação[2], alcançassem orientação para as suas vidas. Destes anacoretas, que viviam de maneira tão abstrusa, emanava algo que transformava o mundo; que rompia as estruturas da sociedade daquela época rumo a algo novo.

A grande tradição dos beneditinos ajudou de maneira bem explícita a modelar este mundo. Justamente através da conexão entre oração e trabalho, *entre ora et labora*, estes monges influenciaram amplamente a cultura ocidental. Eles não celebravam somente suas missas, mas desbravavam também os campos, fundavam escolas para a aprendizagem de um ofício, copiavam os textos da Antiguidade e os transmitiam em suas escolas. Sem os mosteiros, a nossa paisagem e a nossa cultura teriam um aspecto bem diferente. Muitas obras de arte surgiram nos mosteiros e destinavam-se a eles. Os mosteiros desenvolveram uma agricultura, uma arquitetura e uma compreensão dos ofícios própria. E eles também ajudaram a influenciar substancialmente a liturgia. Os beneditinos permaneciam em determinado lugar, apreciavam a estabilidade, a solidez, a permanência na comunhão. E, muitas vezes, esta permanência era entendida literalmente como ficar no mesmo lugar. Isso fez com que cultivassem este lugar, mas ao mesmo tempo significava que eles modelavam este lugar de tal forma que as gerações subsequentes o apreciassem e pudessem viver bem ali. Em seu impulso de relacionar a modelação e o distanciamento do mundo, reside algo que também hoje em dia continua sendo importante.

---

2. Usamos o termo "conversação" sempre que o autor se refere ao diálogo em uma situação de aconselhamento pastoral (N.T.).

Para os monges era decisivo viver no mundo, mas não ser deste mundo. No Evangelho de João, Jesus fala a respeito de que seus discípulos estão no mundo. O mundo os odeia "porque eles não são do mundo, assim como eu também não sou do mundo" (Jo 17,14). Eles não são deste mundo. Mesmo assim, Deus os enviou para este mundo: "Assim como tu me enviaste, assim também eu os enviei ao mundo. E eu me santifico por eles, para que eles também estejam santificados na verdade" (Jo 17,18-19). Nós existimos no mundo; mas não somos do mundo. Todavia, nós temos uma missão no mundo e para o mundo. Porque não somos do mundo, podemos lidar com ele de maneira mais livre. Nós não nos identificamos com o mundo. Por isso, nosso sentimento de valor próprio não depende do sucesso de nossa missão neste mundo.

Quando eu, há alguns anos atrás, ainda oferecia cursos àqueles que prestavam o serviço civil obrigatório (ao invés do militar), um dos participantes, que havia se denominado ateu, me contou que se engajaria em qualquer lugar em prol da questão ecológica, porque isso lhe era importante. Mas, que ele mesmo, cada vez se tornava mais insatisfeito e inconsolado; que ele mesmo não conseguia mais suportar-se e continuar sendo um fardo para os outros. Ele sentia que havia algo nele que não estava em ordem. Durante a conversação, tornou-se evidente, para ele, que ele se dissolvia no mundo. Identificava-se com o seu engajamento de tal forma que qualquer frustração o tirava dos trilhos. Ele pressentia o que poderia significar ter um fundamento fora do mundo. E ele sentia: com uma atitude destas, que lhe permitiria uma maior serenidade, simultaneamente, ele poderia lutar de forma mais engajada pela proteção do meio ambiente e pela paz, sem, contudo, logo encarar como uma derrota pessoal quando seu empenho não fosse prontamente coroado com êxito.

Encontrar o Equilíbrio Interior

Serenidade, portanto, é uma virtude que harmoniza com a disposição de se envolver com o mundo, assim como ele se apresenta. Ela é o oposto do afastamento do mundo, que permanece indiferente ao desdobramento das coisas e ao destino das pessoas, que não se deixa tocar pela miséria dos outros. Esta serenidade também se opõe a uma paixão obsessiva que incorre o perigo de se transformar em fanatismo e violência. Mesmo quando a serenidade significa saber largar e não se manter aficionado a objetivos, quando estes se demonstram inalcançáveis, isso não significa que, assim, o afã esmoreça e que o sonho por um mundo melhor simplesmente seja abandonado.

Particularmente, eu entendo como sendo minha missão engajar-me por este mundo. Contudo, eu me despedi da ilusão de que conseguiria mudar o mundo todo, posso apenas me engajar em algumas áreas e tentar manter vivo o sonho por um mundo mais humanizado. Para mim, é importante oferecer uma ajuda às pessoas que estão em busca de uma espiritualidade saudável para que se tornem capazes de dar conta de seu cotidiano, a partir da fé. E é meu objetivo apoiar as pessoas que assumem responsabilidades profissionais para que consigam trilhar novos caminhos de liderança; que eles sejam capazes de liderar a partir de valores e que possam, através de sua tarefa de liderança, despertar a vida nas pessoas. Mas eu também sempre admito os limites da minha capacidade de incidência.

Portanto, nós precisamos fazer algo pelo mundo, mas não nos deixar consumir por isso. O essencial, em verdade, é algo diferente: para mim, é o caminho espiritual. É o caminho para uma sempre maior "porosidade" para Cristo; o caminho da meditação e da quietude, a partir do qual eu me torno aberto ao inescrutável mistério de Deus. A contemplação, de fato, para mim, não representa uma alternativa ao engajamento em prol de um mundo mais saudável e pacífico. Ela, em si, já representa um caminho para a cura. Pois, quando sentimos que a verdadeira realidade se encontra em uma dimensão mais profunda, nós nos tornamos mais livres também para a ação. Através da meditação e da contemplação, podemos mergulhar em um espaço de quietude, onde tudo já está são e íntegro; onde nós podemos sentir uma paz profunda, em meio a toda a ausência de paz e de toda a doença, que caracterizam o nosso mundo. E, a partir desta paz, nós também hauriremos a força para transformar o mundo para melhor.

Imagine o seguinte: Você está indo ao trabalho e está engajado em um projeto importante para a empresa. Você também colabora com a comunidade política ou com a comunidade religiosa e assume responsabilidades nela. Mas, em tudo aquilo que você faz, imagine também o seguinte: Em mim existe algo, que não é tocado por este mundo. Às vezes eu olho para as coisas que vêm ao meu encontro, como em um teatro. Eu observo aquilo que acontece à minha volta. Eu sou como um diretor, que deixa a peça se desenrolar e somente interfere naquele ponto onde ela está tomando uma direção errada. Talvez você pense que isso seja uma atitude irresponsável. Porém, eu experimento esta forma como uma maneira de poupar energia. Eu não me deixo consumir pela irritação e pelos problemas. Não permito que os conflitos furtem a minha energia, estou do lado de fora dos conflitos. Assim eu posso reagir adequadamente a eles e com liberdade interior.

ENCONTRAR O EQUILÍBRIO INTERIOR

Modele o mundo,
mas não se deixe consumir por ele.
Reflita:
Onde você ajuda a modelar este mundo?
Onde você se engaja?
Onde já lhe aconteceu algo que deu certo?

E então imagine o seguinte:
Como lhe parece o seu engajamento,
se, embora você estivesse neste mundo,
você não fosse dele?
Se você assistir tudo àquilo que você faz
e àquilo que lhe é destinado a fazer,
como estando do lado de fora, como em um teatro?

Talvez você pense que isso seria uma fuga.
Então imagine:
Você é um diretor de teatro.
Você não deixa que outros lhe imponham as regras da peça.
Você assiste e decide por você mesmo
quando é o momento de interferir.
Você possui uma distância interior em relação às muitas peças
que são encenadas em teu entorno.
Você não se deixa impelir para dentro de todas as peças.
Você é livre.
Somente assim você pode modelar a peça de tal maneira,
que ela lhe pareça correta.

Você ainda pode se imaginar outra coisa:
Você está em sintonia perfeita consigo.
Você se percebe e sente
que está bem aprumado em seu próprio centro.

Então imagine:
Você vai ao trabalho.
O que você faria primeiro?
Como você iria conduzir as atividades?
Como você reagiria aos conflitos?

Você perceberá que está muito mais calmo.
Que você faria seu trabalho com maior lucidez.
Isso também tornaria o seu trabalho mais eficiente.
Neste caso, você realmente ajudaria a moldar o mundo,
ao invés de se deixar consumir pela pressão.

Se você estiver consigo mesmo,
em contato com o seu centro,
em boa distância daquilo
que sucede à sua volta,
então você terá uma visão mais ampla do todo,
terá também mais independência
e liberdade.
Seu engajamento pelo mundo
trará mais bênçãos.
Você desenvolverá novas ideias.
E você mesmo permanecerá sereno, enquanto isso.
Você não se extenuará.
E você terá energia suficiente
para abraçar os problemas e resolvê-los.

4

Busque a força interior
que reside na doação
e não no ego

$\mathcal{N}$ão permita que você seja vivido. Viva! Não se deixe definir e influenciar de fora e por outros. Seja você mesmo! Seja autêntico, a partir de dentro de você, e procure ser cada vez mais intensamente aquela pessoa que você realmente é. Essa é a meta de toda a vida. É também o objetivo do caminho espiritual. Também aqui se trata de alcançar mais autoconfiança e de reforçar o sentimento de autoestima. Muitos veem nisso uma contradição, pois acham que a autorrealização seja o contrário do caminho cristão da autonegação. Isso, porém, não confere. Não está em questão colocar o seu ego no centro e realizá-lo à custa de outros. Ao contrário, nós deveríamos chegar ao nosso verdadeiro *self*, àquela imagem única que Deus se fez de nós. E nós deveríamos trabalhar a nossa autoconfiança. Uma coisa não exclui a outra: se eu confio em Deus, também cresce a minha autoconfiança; se eu sinto nele um fundamento que sustenta, então eu também me sinto mais seguro. A verdadeira segurança e a verdadeira força interior não dependem de que eu me apresente vigorosamente ao mundo externo, mas de sentir-me amparado e aceito assim como sou. E é isto que confere a autoconfiança que também não pode ser destruída pelos infortúnios, pois está situada em um lugar mais profundo do que aquela confiança exposta para fora.

Autorrealização significa, portanto, aquela força, que permite viver a própria vida e que não precisa ser copiada nem vivida por outros.

Autonegação não significa o oposto, mas descreve uma complementação à autorrealização. Significa que eu não devo continuamente orbitar ao redor do meu eu. O ego quer constantemente impressionar. Ele se define somente a partir do efeito exterior ou a partir das próprias necessidades: *Eu* agora quero isto. *Eu* não tenho vontade.

Trata-se, portanto, de, a partir do eu, chegar ao *self*. O *self* é o núcleo pessoal mais interior, nosso verdadeiro ser. O caminho a este *self* passa pela tarefa de conquistar uma distância em relação ao ego.

A palavra grega para a autonegação chama-se *aparneisthai* e significa propriamente: oferecer resistência ante as tendências do ego de cobrar tudo para si. Dizer "não" ao ego. Encontrar uma distância em relação ao ego; tornar-se livre do poderio do ego, que tudo quer definir e, assim, conseguir entrar em contato com o *self*.

Faz parte de uma vida saudável que a vida flua dentro de nós. Ela, todavia, somente flui quando nos doamos, quando nos envolvemos com as pessoas e com o nosso trabalho, quando do o nosso engajamento nos causa alegria.

ENCONTRAR O EQUILÍBRIO INTERIOR

Aqueles que levam demasiadamente em conta os seus limites nunca descobrem a força que há dentro deles. Com medo de se sobrecarregarem em alguma situação, não esgotam o potencial com o qual Deus os agraciou. Ao mesmo tempo, muitas vezes, estão infelizes, porque ninguém se interessa por eles ou ninguém os consulta, quando alguma tarefa estimulante está em questão. Eles irradiam em torno de si uma aura que faz com que ninguém sequer avente a ideia de lhes pedir algum favor. Quando eu converso com pessoas assim, na maioria das vezes, percebo que é o medo de doar-se que as move: elas têm medo de não se terem mais sob controle, de não poderem mais decidir sobre si mesmas. Este medo certamente tem sua razão de existir. Também há pessoas que têm dificuldades em suportar seus limites, que se perdem em seu trabalho ou em seu engajamento. Também aqui são necessários ambos os polos: o polo da autodelimitação e o da doação. É necessário um bom equilíbrio entre resguardar os limites e transpô-los, entre defender-se e abrir-se, entre autodelimitar e autodoar-se. Eu preciso conhecer meus limites; mas eu também sempre preciso ultrapassá-los para aproximar-me do outro e para encontrá-lo, para tocá-lo no encontro e para, talvez, neste momento, experimentar o tornar-se um com ele.

Quando acentuamos unilateralmente um dos polos, perdemos nosso ponto de equilíbrio. Se o polo dos limites é forçado excessivamente, então nossa vida se torna cada vez mais estreita. Se nos doarmos tão somente, então corremos o risco de nos deixarmos seduzir por qualquer um à autoentrega e desta forma perder-nos a nós mesmos ou nos diluirmos. Necessitamos de um bom "sexto sentido" para percebermos onde convém nos doarmos. Mas, lá onde nos doamos, não devemos medir ansiosamente as horas ou a energia que investimos. Se haurirmos a nossa energia para nos doarmos da fonte interior do Espírito Santo, então não nos esgotaremos. E a própria doação tornar-se-á uma dádiva. Sentir que a vida flui é uma sensação boa e nos faz felizes.

No sermão da planície de Lucas, Jesus diz:

> *Se vocês somente amarem àqueles que amam vocês, qual é o reconhecimento que vocês esperam por isso? Também os pecadores amam aqueles por quem são amados. E se vocês somente fizerem coisas boas àqueles que fazem o bem para vocês, que gratidão vocês esperam por isso? Isso também os pecadores fazem. E se vocês somente emprestarem algo àqueles dos quais vocês esperam recebê-lo de volta, que agradecimento vocês esperam por isso? Também os pecadores emprestam a outros pecadores na esperança de que devolvam tudo. Vocês, porém, devem amar os seus inimigos e fazer coisas boas e emprestar, também lá onde vocês não podem esperar nada em troca. Então a recompensa de vocês será grande e vocês se tornarão filhos do Altíssimo; pois também Ele é magnânimo para com os ingratos e maus (Lc 6,32-35).*

O que esta passagem quer dizer? Se nós somente ofertarmos de forma calculista, então nós não receberemos nenhum agradecimento por isso. No grego, consta aqui o termo *charis*, que não significa somente agradecimento, mas também alegria e graça. Se formos calculistas ao doarmo-nos, para recebermos de volta exatamente o mesmo que investimos, então disso não advém nem alegria, nem, tampouco, graça. Nós não somos presenteados por um comportamento assim. Isso tudo é calculado. Quando, no entanto, nos doarmos, sem perguntar pela recompensa, então a nossa vida flui. E já neste fluir encontra-se a recompensa. A própria vida se tornará para nós uma recompensa.

Jesus interpreta este salário mais uma vez de outra maneira: Nós nos tornaremos filhos e filhas do Altíssimo. Nós tomaremos parte em Deus. Através de uma atitude assim, nós sentiremos a vida divina em nós. E esta vida divina é inesgotável, sentimo-nos transladados para dentro de Deus. Não existe nenhuma outra experiência que seja capaz de enriquecer mais a nossa vida.

Eu lido com pessoas que, por medo de que possam se perder a si mesmas ao se doarem, se tornam completamente infelizes. Elas giram sempre em torno de si e do seu bem-estar, mas para elas próprias a vida se torna um fardo. Já o levantar-se pela manhã torna-se fatigante, elas não têm nenhuma motivação para o dia. Somente estar em função de si mesmo não é motivação suficiente para começar a manhã com entusiasmo. Mas se eu sinto que vale a pena o envolvimento com o trabalho e com as pessoas, isto é, doar-me, então a vida se torna fecunda. Ela fluirá. E neste fluir eu me sentirei vivo e às vezes também feliz. Eu me liberto do meu ego com o seu orbitar em torno de si. Somente esta liberdade em relação ao ego me coloca realmente em contato com o meu verdadeiro *self* e com uma vida repleta e feliz.

Busque a força interior,
ela está na doação e não no ego.
Encontre o equilíbrio certo
entre a doação e o próprio eu;

entre preservar-se e delimitar-se.
Nem sempre é fácil.
Mas faz bem procurá-lo.

Preste bem atenção aos seus sentimentos,
para que você descubra o seu equilíbrio certo.

Sinta para dentro de você.
Como a autodoação repercute sobre você mesmo?
É bom que você se sinta vivo ao doar-se.
Mas, se você se sente usado,
se você sente amargura dentro de você,
então, isto também é um sinal importante:
Fará bem se você se delimitar melhor.

Importante é que você se sinta livre.
Será talvez que a autodoação tenha se transformado
em puro dever?
Então a doação se tornou uma obrigação.
E você perderá seu prumo.

Será que talvez a delimitação
se transformou em uma necessidade?
Sinta para dentro de você
e procure detectar
como a sua delimitação repercute sobre você mesmo.
Pergunte-se:
Essa delimitação agracia você com liberdade interior?
Ou através dela a sua vida se torna estéril?

Sinta para dentro de você mesmo:
O decisivo é que a sua vida flua.
Sempre quando ela fluir e assim você
se sentir em uníssono consigo mesmo, você pode confiar

que encontrou o equilíbrio adequado
entre autodelimitação e a autodoação.

Sinta para dentro de você e preste atenção no seguinte:
Você está haurindo sua força da fonte interior
do Espírito Divino?
Ou você a está haurindo de seu próprio reservatório
de força e de amor?

Você sentirá:
se você haurir sua força da fonte divina,
então ela efluirá de você,
sem que isso o esgote.
Pois a fonte divina é inesgotável.

5

Assuma a responsabilidade própria e fomente as chances dos outros

$\mathscr{O}$ presidente norte-americano John F. Kennedy se dirigiu aos jovens de sua nação com a seguinte frase: "Não perguntem por aquilo que o seu país pode fazer por vocês, perguntem-se por aquilo que vocês podem fazer pela sua nação". Cresce também entre nós o número de pessoas que reivindicam uma postura de responsabilidade assim. Pascal Bruckner, um filósofo francês, descreveu a atitude fundamental da sociedade de hoje como sendo caracterizada por uma crescente infantilização, que consiste justamente em não assumir responsabilidades. Somente há expectativas em relação à sociedade, à Igreja, à empresa, à família. Mas não existe a disposição de assumir a responsabilidade nem em relação a si mesmo, nem em relação ao outro e, ainda menos, no que diz respeito ao bem-estar coletivo. A criança ainda não assume responsabilidades. Ela ingressa na vida com o desejo de ser cuidada e amada. Quando cresce, ela se torna responsável por si mesma. Ela é livre, mas, faz parte dessa liberdade assumir a responsabilidade para consigo mesmo e para com tudo aquilo que se faz. Quem responde de maneira responsável por si também está disposto a assumir a responsabilidade na sociedade, por exemplo, como pai ou mãe de família ou em alguma entidade, empresa ou também na política.

Sociólogos constatam que a disposição em assumir responsabilidades em nossa sociedade vem diminuindo. Um empresário do ramo de construção me contou que já está sendo difícil para ele conseguir fazer com que um pedreiro assuma a função de contramestre. Que muitos dizem: eu não tenho vontade de ter mais um motivo para me incomodar. Eu prefiro ganhar menos a ficar brigando com os colegas. Quem assume responsabilidades, naturalmente, sempre também oferece flancos por onde pode ser atacado. Quem pede algo a outrem, muitas vezes, experimenta resistências e críticas. E, algumas vezes, o responsável torna-se o bode expiatório. A gente projeta nele todos os problemas que tem ou que acontecem na entidade ou na empresa. É sempre mais fácil descarregar os problemas nos outros. E, para isso, o chefe se torna a pessoa certa. Assim, todos têm a sensação de que estão com a razão. Que é o chefe que tem a culpa pelo mau desempenho. Diante desta experiência de malogro é que aqueles que recusam a responsabilidade querem se defender. Querem ter sua tranquilidade. Por outro lado, muitas vezes, também são estes os mesmos que sentem inveja daqueles que estão à frente. Dirigem a eles suas exigências exageradas. Esperam do chefe coisas sobre-humanas. Porque eles mesmos não estavam dispostos a assumir a responsabilidade, transferem a insatisfação consigo mesmos para o chefe. Ele, então, se torna o responsável por tudo. Seria ele que deveria trabalhar ininterruptamente e ter tudo sob controle. Inconscientemente, muitos justificam o fato de eles próprios terem se acovardado, através deste tipo de exigências em relação ao chefe.

A primeira tarefa que a vida adulta nos coloca consiste em assumir a responsabilidade em relação a nós mesmos. Também aqui há pessoas que não se dispõem a isso. Elas se queixam de como os pais agiram em sua vida por muito tempo. Alegam que eles são os responsáveis por elas terem se tornado um nada na vida. Acusam-nos para se dispensarem da responsabilidade de tomarem as rédeas de suas próprias vidas. Elas não estão dispostas a lutar. Têm medo das consequências da luta e das experiências dolorosas que vislumbram como resultado. Quem luta, também é ferido. Ao tentar moldar a minha própria vida, eu também sempre entrarei em contato com os meus limites. Muitas coisas não darão certo, assim, como as esperava. Mas se eu, ao invés de continuar trabalhando pacientemente em mim mesmo, preferir censurar meus pais, dizendo que eles são os culpados por tudo, por minha vida não ser bem-sucedida, se, pois, eu me fixar em uma atitude de acusação, então, eu nunca me tornarei um adulto. Quem age assim permanecerá amuado em um canto e se queixará dos outros, dizendo que prejudicaram a sua vida.

Naturalmente, também existem pessoas muito machucadas em sua infância. E nem sempre é fácil, apesar disso, moldar a própria vida. Hildegard von Bingen diz que "A arte de se tornar humano consiste em transformar as feridas em pérolas". Quando eu me aceito com minhas feridas, então elas podem ser transformadas. Sentirei que ali onde estou mais ferido, também serei especialmente sensível ao sofrimento alheio. Eu posso compreender melhor os outros. E eu desenvolvo dentro de mim capacidades para acompanhar e incentivar pessoas com sofrimentos similares aos meus.

ANSELM GRÜN

A segunda tarefa seria assumir a responsabilidade naquelas áreas onde eu atuo. Para uns, essa tarefa consiste em ser pai ou mãe dentro de uma família e prover a existência dos filhos e em se responsabilizar por eles. Já outros assumem responsabilidades em empresas. Nas empresas, nunca existe aquele que somente tem que obedecer aos outros. Cada um é responsável por sua área de trabalho. Para mim, isso significa que eu mesmo preciso imaginar o que eu poderia melhorar, para que possa fazer o melhor do meu trabalho. Se em minha vida apenas tivesse feito aquilo que os outros me mandaram, então, a minha vida jamais teria sido profícua. Por outro lado, eu não escolhi para mim o trabalho na administração, mas atendi a uma convocação do abade. E, inicialmente, a resposta não foi fácil para mim. Mas, após ter dito "sim", eu também tentei trilhar novos caminhos, enquanto tesoureiro, não somente no trabalho compartilhado, mas também na forma como buscava financiar as muitas tarefas da abadia. Eu investi todas as minhas forças para que as pessoas gostassem de trabalhar conosco e para que o nosso trabalho servisse às pessoas. Se eu tivesse executado minha tarefa apenas em obediência, então eu não teria sido feliz. Mas porque eu me envolvi com o trabalho, ele se tornou um prazer e me traz satisfação.

Pessoalmente, penso que faz parte de uma vida que faça sentido e que seja feliz, que a pessoa tome a sua vida em suas próprias mãos e que busque moldá-la de tal forma que ela frutifique. Quem assume a responsabilidade e faz algo, porque sente que é necessário e correto fazê-lo, sentirá mais prazer naquilo que faz do que aquele a quem se atribui uma tarefa, a partir de fora. Este não sentirá essa tarefa como um fardo, mas se sentirá muito recompensado. É evidente que eu também estou ciente de que a disposição em assumir responsabilidades

ENCONTRAR O EQUILÍBRIO INTERIOR

também pode representar uma armadilha. Pois, assim, eu também posso me sobrecarregar. Eu conheço pessoas que, em todo lugar onde se encontram, assumem responsabilidades e, com isso, se excedem. Muitas vezes, são os irmãos mais velhos, que já desde cedo foram pressionados pelos pais a serem responsáveis pelos irmãos menores. Mais tarde, eles não têm o sentido adequado em relação à pergunta, onde a sua responsabilidade seria realmente requisitada. Eles, muitas vezes, se precipitam e assumem demasiado rápido a responsabilidade pelo seu entorno. Por isso, o outro polo faz-se necessário: estabelecer limites e encontrar a sua própria medida.

Assumir a responsabilidade significa, para mim, sempre dar uma resposta às perguntas e aos anseios das pessoas. De que necessita o ser humano de hoje? O que ele espera da Igreja? E do trabalho? Quais são os anelos dos jovens e como responder a eles? Dar uma resposta às necessidades das pessoas não significa satisfazer a todas elas, mas fomentar os seus potenciais de vida. O que realmente faz bem às pessoas? Às vezes, os seus desejos são apenas pretextos. Eu preciso me colocar em sua pele e, então, perceber aquilo que elas realmente precisam, para que a sua vida ganhe seu rumo e os seus anseios mais profundos sejam atingidos.

Enquanto administrador, é importante, para mim, despertar a vida nos colegas de trabalho, incentivar o seu dom, deixar-lhes um espaço para que possam realizar novas ideias e encontrar prazer, por elas mesmas, em assumir a responsabilidade em seu respectivo setor de trabalho e a modelá-lo de tal forma que seja efetivo; mas também, para que o trabalho ali dê prazer aos demais colegas. Neste ínterim, é importante, sobretudo, a confiança e a sensibilidade para as potencialidades que se encontram em cada um.

Como conselheiro pastoral, tento responder ao anseio das pessoas buscando, em primeiro lugar, perceber meus próprios desejos e me perguntando: O que preenche o meu vazio? Que resposta eu mesmo posso dar às minhas interrogações? Essa resposta me satisfaz realmente ou ela é somente cogitada? Será que ela somente soa bonito, mas, de fato, não me leva adiante? E, então, eu procuro criar empatia com os outros. Eu observo as pessoas, presto atenção naquilo que me contam. Eu procuro sentir o vazio que se oculta em suas palavras. E, então, procuro fazer ideia de como eu poderia responder a esta pessoa de tal forma que ela o compreenda e possa aceitar e viver a partir disto. Ao fazê-lo, procuro também sempre sentir a minha própria limitação. Nunca tenho a sensação de que encontrei a resposta que realmente acerta o alvo. É uma constante luta por palavras que tocam o coração e que o abrem para Deus, o único capaz de realmente aquietar o anseio mais profundo.

A responsabilidade, que no aconselhamento pastoral eu assumo para com os outros, não representa nenhuma carga para mim, mas me mantém vivo. Contudo, eu não retiro do outro a sua carga. Responsabilidade não significa que eu seja responsável pelo bem-estar do outro. Para isso, ele mesmo precisa se dedicar. Eu somente posso acompanhá-lo e com ele manter os olhos abertos para uma saída que ele mesmo possa trilhar. Mas é ele mesmo quem precisa caminhar. Neste contexto, eu sempre presencio novamente que pessoas vêm buscar uma conversação e querem empurrar para mim a responsabilidade pelo seu bem-estar. Elas não estão dispostas a assumir a responsabilidade para consigo mesmas e a trabalhar a si próprias. Essa é uma armadilha na qual eu antigamente caía muitas vezes. Entrementes, isso me provoca irritação, o que evita que eu novamente caia na mesma cilada. Ouvir as perguntas e as necessidades dos outros me mantém vivo, porque me força a me questionar sempre de novo: Como você mesmo lida com estes problemas; com estas necessidades? O que realmente ajuda? Você mesmo faz aquilo que você aconselha aos outros? E, às vezes, me é dado fazer a experiência gratificante de que no outro é despertada a vida, a fim de que ele encontre um caminho para si que o conduza a uma maior liberdade, amor e vivacidade. Então eu também posso deixá-lo partir novamente com a consciência tranquila. Somente quando ele entrar em pane novamente é que eu novamente poderei animá-lo a continuar peregrinando o seu caminho. Pois nisto deveria consistir o sentido de qualquer relação: despertar a vida na outra pessoa com a qual me deparo ou com a qual assumi responsabilidades; apoiar a sua vivacidade, incentivar a sua vida para novamente entregá-la à liberdade e à vida.

Assuma você mesmo a responsabilidade
e fomente as chances de vida de outros.
Procure perceber o seu o próprio comportamento:
Você prefere evitar a responsabilidade?
Ou você assume responsabilidades por toda parte sem ser
requisitado?

Você encontrou para você, realmente, a medida certa?
Se você tiver um colapso ao estar sob uma responsabilidade,
isto representa um sinal:
Você se excedeu.
Mas se você evita todos os problemas
e sempre espera e tem a expectativa de que os outros resolvam os conflitos,

então você deveria se exercitar na prática da responsabilidade.
Não faz bem nem a você mesmo
que em toda a parte você fuja da responsabilidade.
Pergunte-se:
Por onde você gostaria de começar?

Imagine-se:
Como seria, se você, nesta ou naquela questão,
por esta ou por aquela pessoa,
assumisse uma responsabilidade concreta?

Talvez, neste caso, venham à tona os medos.
Procure um diálogo com estes medos.
Então eles se relativizarão.

Pode, todavia, também ser que você cresça,
através da responsabilidade,
em força e autoconfiança.
Neste caso, seria um convite.
Aceite o convite.
Assuma mais responsabilidade.
Isso lhe fará bem
e será bom para as outras pessoas.

Esteja atento ao seu próprio agir:
Como você lida consigo mesmo e com as outras pessoas?
Você se lamenta pelo seu passado?
Ou você já se reconciliou com ele?
Você é grato pelos seus talentos
que você recebeu de presente dos seus pais?
Ou você somente se queixa em relação a tudo aquilo
que eles não lhe deram?

Reflita sobre a forma como você lida com os outros:
Você desperta a vida neles?

ENCONTRAR O EQUILÍBRIO INTERIOR

Ou você os obstrui em sua tarefa de desenvolver
aquilo que está dentro deles?
Se você os impede de viver,
então você reconhecerá
que está bloqueando a sua própria vida.

Se você perceber que de fato é assim:
Então não deve se assustar diante de tal reconhecimento.
Compreenda isto também como um convite.
Como seria lidar de outra forma com eles?
Como seria, se você despertasse a vida neles?
Como você se sentiria com isso?
E como você sentiria o outro?

Medite o interior das pessoas
que lhe são confiadas
e com as quais você se encontra diariamente:
O que, do interior delas, você quer despertar para a vida?

Procure encontrar a chave para o outro.
Descerre a porta para o potencial do outro,
para que a vida de dentro dele possa fluir.
Auxilie uma pessoa a ter mais vida.
Então você mesmo será agraciado.
Você mesmo se tornará mais vivo.

6

Não se perca no trabalho, faça-o com prazer

$\mathcal{O}$ trabalho não é somente autorrealização e expressão de impulsos produtivo-criativos e de alegria de vida. Ele também possui outra face. Ele foi associado à expulsão do paraíso e à lide árdua, vista como uma praga, e até como maldição. Na Antiguidade, ao menos pela elite, era visto negativamente. Não era a produção obtida através do trabalho, mas o ócio que distinguia, por exemplo, entre os gregos, o cidadão livre do escravo. Contudo, já cedo, surgiu uma compreensão positiva do trabalho, enquanto coparticipação criativa na criação, que, evidentemente, era restringido pelo *Sabbat*, que pertencia a Deus. Esta compreensão pode ser encontrada na Bíblia e se tornou determinante para a tradição cristã. São Bento destacou em sua regra o trabalho manual dos monges. A ele se deve a valorização do trabalho no Ocidente.

Para os monges, o trabalho assume três funções, que ainda hoje são determinantes para a nossa relação com aquilo que realizamos em qualquer profissão: Através do trabalho, eu ganho o sustento da minha própria vida e com isso me torno independente dos outros. Além disso, o trabalho serve às pessoas. Isso não se aplica somente ao setor de serviços, mas, igualmente, à agricultura e ao trabalho artesanal.

Finalmente, o trabalho também representa um desafio espiritual. Através dele, eu sou desafiado a largar a rotação em torno de mim mesmo e a me ocupar com Deus. Na maneira como executo o meu trabalho se mostra a minha espiritualidade. Através do trabalho eu me exercito nas atitudes essenciais, que o caminho espiritual também requer de mim: altruísmo, amor, doação, confiabilidade, fidelidade, transparência e justiça.

Justamente hoje em dia, em uma época na qual o trabalho se tornou um bem valioso, que nem sempre é assegurado, nós sentimos o quanto ele faz parte do ser humano. Todavia, precisamente por isso, ele também se tornou um problema. Aqueles que têm um trabalho e sofrem sob seu jugo, porque cada vez menos gente precisa produzir mais, experienciam que o trabalho tem dois lados, que ele continua ainda tendo uma dupla-face. De modo que também no trabalho hodierno ocorrem ambos os polos: dedicar-se e delimitar-se, trabalhar e descansar. Há o prazer e o fardo; a alegria de trabalhar e a alegria de largar o trabalho. É uma arte, sempre contrabalançar bem ambos os polos.

Nem todos dominam esta arte. Há pessoas que se perdem no trabalho, porque ele as faz felizes. Enquanto lhes trouxer felicidade, estará bom para elas, mas, às vezes, elas não prestam atenção aos seus sentimentos de que estão sendo exploradas, de que se sentem irritadas e suscetíveis. Sentimentos assim representam sempre um sinal de alarme. Eles me dizem que eu

ENCONTRAR O EQUILÍBRIO INTERIOR

devo dar passos mais curtos e que ainda devo encontrar outros espaços, onde possa me alegrar, além do trabalho.

Já outros se perdem no trabalho, porque se escondem atrás dele. Eles precisam do trabalho para que possam se sentir invulneráveis em relação aos outros. Eles trabalham tanto, para que ninguém tenha razão em criticá-los. Afirmam que mais do que já fazem, não poderiam fazer. Mas, a quantidade de trabalho ainda não diz nada a respeito de sua qualidade. Pessoas que se escondem atrás do trabalho, muitas vezes, disseminam um clima agressivo. Com seu muito trabalho, acusam os outros de trabalharem pouco. Ainda outros são viciados no trabalho. Eles necessitam do trabalho, sentem-se sem valor sem ele. Eles precisam se anestesiar com o trabalho, porque de outra forma iriam sentir o seu vazio interior, o que não conseguem suportar. Por isso, precisam do trabalho como uma droga, que lhes veda os olhos diante da própria verdade.

Eu não devo me perder no meu trabalho. Como isso é possível? Para mim, é importante delimitar o meu trabalho no tempo. Eu defino limites precisos, tanto para o trabalho administrativo quanto para a atividade de realização de palestras e de cursos. Às vezes, estes limites são excedidos. Então eu presto atenção aos meus sentimentos. Há excessos, que desencadeiam em mim um fluxo de vitalidade. Neste caso, eu tenho a sensação de que foi bom. Mas há também violações de limites, que geram em mim irritação e insatisfação. Aí eu sei que novamente preciso respeitar melhor os meus limites.

A delimitação temporal, contudo, é somente um dos caminhos para que eu não me perca no trabalho. O outro caminho diz respeito à minha atitude em relação ao trabalho. Eu não devo me definir através do meu trabalho. Trabalhar é bonito.

Eu posso me envolver nele. Nele, eu me sinto vivo. Mas eu necessito também de uma distância interior em relação a ele. Eu preciso estar sempre consciente a respeito do objetivo verdadeiro da minha vida. E este não consiste em produzir o máximo possível, mas em fincar meu rastro de vida bem pessoal neste mundo. E, para descobrir este rastro, eu preciso de tempo e de quietude. São Bento entende como principal tarefa do monge a busca por Deus ao longo de toda a sua vida. Esta busca me mantém vivo. Ela relativiza meu trabalho e me mostra que a coisa mais importante não é o meu amadurecimento, minha autorrealização, o meu rastro de vida, mas Deus. Ele é o verdadeiro objetivo da minha vida. Buscá-lo na quietude, na oração, no próximo e no trabalho, isso requer abertura, sensibilidade para a sua presença em tudo o que existe e a disposição em me deixar encontrar por ele. Eu não posso procurar Deus investindo, para este fim, muito trabalho. É verdade que buscar representa também um tanto de trabalho, mas de outro tipo, do que aquele que eu executo na administração ou na atividade de escrita. É um trabalho interior, um trabalho em minha alma, um esticar-me em direção ao absolutamente outro, um abrir-me em relação ao mistério incompreensível.

Mesmo com toda a liberdade em relação ao trabalho, ainda assim, é decisivo que eu goste do meu trabalho. Se eu gosto de executar determinado trabalho, não depende do tipo de trabalho em questão, mas, sobretudo, da minha atitude em relação a ele. Evidentemente, há tipos de trabalho que não são tão interessantes e que rapidamente podem virar uma rotina. Mas também este tipo de trabalho eu posso realizar prontamente, se possuo uma atitude fundamentalmente positiva em relação ao trabalho. Aqui não está em jogo tão somente a motivação, mas também o fato de que eu me sinta livre da pressão de ter de me provar através do trabalho ou de ter de me tornar especialmente interessante através dele, aos olhos dos outros. Neste caso, eu imediatamente sinto uma resistência em relação a trabalhos rotineiros. Mas, se eu estiver livre do ego, que precisa se confirmar, então eu posso me envolver com o trabalho. Neste caso, eu gosto de trabalhar. Ele flui. E faz parte do trabalho que ele se alterne entre atividades com maior grau de exigência e outras mais simples. Pois não se trata de mim, mas do trabalho. E este sempre é serviço para outrem. Mesmo as atividades mais simples, executadas responsavelmente, são um serviço aos outros. Eles podem confiar em minha responsabilidade.

É uma alegria poder ver alguém que consegue realizar seu trabalho com facilidade. Mas se alguém trabalha com uma resistência interior, então cada movimento se torna demais. E a gente procura evitar esta pessoa. Pois, em sua proximidade, a gente sente a insatisfação e a agressividade. Em contrapartida, de alguém que gosta de realizar seu trabalho, emana o prazer. Isso também contagia os outros, no sentido de também eles se enfronharem em seu trabalho. Surge uma atmosfera de alegria em trabalhar, em estar junto com os outros, em ser bem-sucedido no conjunto. Um clima assim faz bem a qualquer um e contribui substancialmente para a sua saúde e para o bem-estar anímico de todos.

São Bento exorta o celeireiro, em sua regra, para que atente à sua alma. Para muitos, esta frase pode soar antiquada. Mas ela exprime uma verdade que não se esgota. As lideranças de uma grande corporação, que sempre vêm ao mosteiro por alguns dias, levam muitas vezes justamente esta frase de volta para sua casa. Ela exprime algo que diz respeito a todos nós:

Produzir e esforçar-se é importante, mas não deveríamos vender a nossa alma ao sucesso. Nós não deveríamos nunca nos esquecer de prestar atenção àquilo que tem um valor maior do que qualquer produção ou sucesso exterior: a saúde e a salvação de nossa alma.

Não se perca no trabalho,
mas aquilo que você fizer, faça-o com prazer.
Somente assim você estará atento à sua alma.

O que significa, para você,
estar atento à própria alma?

Sinta dentro de você:
Quando, pela manhã, você se dirige ao trabalho,
está indo com prazer ou sente alguma resistência interior?
Essa resistência se refere a quê?
São as pessoas, das quais você tem medo?
Ou antes, se refere a um sentimento de que você se sente explorado no trabalho?
Ou a resistência se manifesta
no sentido de que você precisa cuidar mais de si mesmo,
que, simplesmente, tudo é demais para você?

Atente para as moções de sua alma.
Elas lhe dizem qual é a medida adequada para você.

Jamais vá ao trabalho com o coração rancoroso.
Caso contrário, você fará mal a si mesmo e aos outros.
É de sua própria responsabilidade
que você se motive, hoje, para o seu trabalho.

Procure predispor-se de maneira positiva:
Eu disse "sim" a este trabalho.
Logo, hoje quero executá-lo bem.
Se, mesmo assim, a resistência persistir,
então, você deveria, ou organizar o trabalho de outra maneira,
ou diminuir algumas partes,
ou você precisa encontrar outra atitude em relação a ele.

Conscientize-se:
O trabalho nem sempre é agradável,
mas também faz parte da vida
precisar ganhar o nosso pão, com o suor no rosto.

É sua responsabilidade
motivar-se para o trabalho,
para que você goste de realizá-lo.
Assim você fará o maior favor a si mesmo.

7

Ame o presente e aprenda a ser sereno

"*Hoje* é a melhor época", diz um ditado. Outro afirma: "Não deixe para amanhã o que você pode fazer hoje". Talvez se oculte por trás destes ditos uma advertência contra a ociosidade. Porém, há também outra tradição que não acentua o valor do presente por razões que se refiram à moral do trabalho. Esta tradição tem outra coisa em mente. Os autores espirituais de todos os tempos nos admoestam a estarmos totalmente no momento, a vivermos no aqui e no agora. É uma arte conseguir manter-se no presente. Eu me liberto de julgar, de pensar constantemente no passado e da angústia em relação ao futuro. Isso não é simples. É preciso exercício para deixar os pensamentos sobre o passado e sobre o futuro e focalizar-se completamente no momento. Necessária é também uma liberdade interior para conseguir estar no presente. Mas, quando sou bem-sucedido, então eu sinto a vida real. Então cada momento se torna fruitivo. Eu respiro, eu cheiro, eu escuto, eu vejo. Eu estou totalmente presente. Quando presente, eu experimento a realidade em sua dimensão profunda. Nesta hora, o momento abrange tudo: céu e terra, tempo e eternidade, Deus e o ser humano. Eu, então, vivo realmente.

Muitos, hoje em dia, são incapazes de se fazer simplesmente presentes. Têm dificuldade em vivenciar intensamente aquilo que acontece no momento. Por isso, precisam de estímulos externos: precisam sempre viajar para mais longe; vivenciar eventos cada vez mais excitantes; mesmo nas férias, necessitam ainda de animadores para que sejam capazes de sentir a vida. Porque não são capazes de viver realmente, precisam vivenciar o máximo possível. Quem, por outro lado, vive no momento é capaz de experimentar a plenitude da vida. Quando ele é totalmente um com seus sentidos, então sente o mistério da vida. E isto lhe basta. Ele não precisa sempre de novos impulsos externos, simplesmente está aí. E, neste ser aí, tudo está decidido: Deus, o ser em essência, a criação em sua volta e o segredo da própria vida e da própria pessoa.

Jesus nos admoesta a esta presença quando nos conclama a nos mantermos alertas. Repetidas vezes Jesus faz comparações, através das quais nos exorta a nos mantermos vigilantes. No Evangelho de Lucas, admoesta-nos com a parábola da vigilância:

> Não tirem as suas cintas e mantenham suas lamparinas acesas! Sejam como pessoas que esperam o retorno de seu senhorio que foi a um casamento e que, quando este retornar e bater à porta, lhe abrem. Felizes são os empregados que o senhor encontrar acordados quando vier (Lc 12,35-37).

O que significa "devemos manter nossas lâmpadas sempre acesas"? O que se quer dizer é que nós devemos viver conscientemente e não nos deixar levar superficial e inconscientemente pela corrente. A parábola evidencia o seguinte: Nós devemos viver na expectativa do Senhor, que vem de uma festa de casamento. Quem vem de uma festa de casamento, se encontra em um estado de espírito especial. Ele quer relatar aquilo que viu. Se ele viesse a uma casa sonolenta, ficaria decepcionado. Os empregados, que estão em prontidão, abrem-lhe a porta, assim que ele retorna e bate à porta. Isso se tornou uma imagem para a vida verdadeira: O cristão é como alguém que aguarda o Senhor. Ele conta com o fato de que a qualquer momento Ele baterá à porta de seu coração. Se ele lhe abrir, então haverá uma festa de casamento dentro dele; tudo o que havia de contraditório nele se torna um, tempo e eternidade, Deus e ser humano.

A atenção e a vigilância, todavia, não significam que nós somente aguardamos aquilo que está por vir. Antes, Jesus nos desafia a esperarmos a sua vinda, enquanto vamos atrás de nossas responsabilidades cotidianas e de nossas obrigações diárias e as cumprimos com esmero, no aqui e no agora. Vigilância não implica uma fuga da realidade, mas em envolver-se com aquilo que no momento está em questão. O amor ao presente instante supõe como pré-requisito a serenidade. Eu preciso ter largado o meu ego para ser tão livre a ponto de estar bem presente.

A atitude serena representa, desde a filosofia grega, uma marca da pessoa sábia e madura. O sábio é sereno, não é dominado pelas suas emoções. Ele está livre da dependência e da bajulação. Na mística alemã, a serenidade é vista como uma virtude espiritual importante. Mestre Eckhart fala, por exemplo, da pessoa serena como alguém que não só larga as coisas materiais para não ser mais escravizado por elas; ele também deixa as pessoas livres. A pessoa serena é capaz de manter boas relações de amizade, mas não se pendura nelas. E, finalmente, a pessoa espiritual deve também deixar Deus livre. Isso soa paradoxal, mas Mestre Eckhart sabe que nós muitas vezes nos agarramos às nossas imagens. Para que nos tornemos abertos para o Deus totalmente outro, precisamos largar Deus por sua própria vontade, ou seja, precisamos nos desvencilhar de nossas imagens de Deus.

Sobretudo o ser humano deve largar a si mesmo, o seu ego, o seu desejo de impressionar. Pois, no agarrar-se a si mesmo, encontra-se a raiz de querer amarrar tudo a si. Este agarrar-se a si mesmo conduz a uma tensão, a uma pressão de ter que provar-se. Quem está livre desta pressão é sereno: pode ser indiferente em relação a si mesmo, descontraído, sem pressão, sem esforço. Largar-se é a condição para ir ao encontro do outro realmente em liberdade e para deixá-lo também ser livre. Eu o deixo ser assim como ele é. Uma atitude assim é o requisito para uma cultura verdadeira. Falta de cultura surge sempre quando se quer usar tudo para si, ao invés de admirá-lo, contemplá-lo em outras palavras, deixá-lo. Martin Heidegger também fala de uma serenidade que se dá a partir da essência do pensamento. Pensar não significa dominar as coisas, mas deixá-las ser, permitir que surjam em sua essência. Portanto, a serenidade faz parte do pensar autêntico. Ela é a premissa fundamental para que eu consiga me envolver totalmente com o momento, sem submetê-lo a um fim, que eu mesmo determino. Eu simplesmente estou aí. Eu sou puro ser. E este puro ser resplandece no meu pensar, quando ouço música, quando olho para a criação e para a arte. É um pensar sereno, um ouvir sereno e um olhar sereno. A esta serenidade se mostra o mistério de ser em sua plenitude.

Os romanos denominam a atitude serena com o conceito estoico de *aequo animo*. Ou seja, que o ser humano deve fazer tudo o que faz com equanimidade, com uma alma que se encontra em equilíbrio e que não se deixa empurrar para lá e para cá, nem se deixa tirar do seu prumo. Isso é mais fácil dizer do que fazer. Pois requer que eu abra mão de minha fixação em coisas, de minha ambição, de meu vício por prestígio, de minha suscetibilidade. Assim, eu não deixarei arrancar-me de meu próprio centro pelas turbulências ao redor de mim. Eu serei sereno, ao invés de me deixar definir exteriormente.

Somente aquele que consegue largar-se a si mesmo, realmente encontrará a serenidade. Nosso ego se intromete em tudo aquilo que fazemos. Ele não consegue serenar, sempre quer brilhar, sempre dominar, sempre tudo possuir. Por isso, é um trabalho árduo sempre novamente largá-lo. Não se trata, porém, de desintegrá-lo. Pois, sem um eu, nós não conseguimos viver. Mas o ego se expressa através de muitas ilusões, que nós nos fizemos acerca do mundo. Nutrimos em nós a ilusão de que temos tudo sob controle, que somos os melhores, que nós vamos conquistar tudo aquilo que queremos. Somente aqueles que largam seu ego, com suas muitas ilusões, tornam-se realmente serenos, livres interiormente.

Ame o presente e aprenda
a ser sereno.
Tente se exercitar na serenidade,
contemplando para isso simplesmente as coisas
que você vê.

Olhe para o seu quarto,
sem querer mudar nada nele.

Alegre-se por aquilo que é.
Sinta o interior das coisas.
Escute o que elas lhe dizem.
Mire a paisagem,
sem querer segurá-la em uma imagem.

Veja a realidade,
sem modificá-la.
Perceba o que existe,
e deixe sê-lo assim.

Seja sereno
e você fará novas experiências.
Você sentirá uma profunda paz interior.
Você reconhecerá a beleza em tudo.
Você descobrirá as conexões interiores.
Você se tornará cada vez mais livre da pressão
de ter que mudar tudo de acordo com as suas ideias.

Deixe as coisas assim como são.
Solte-se de suas ideias.
Então as coisas florescerão.

ENCONTRAR O EQUILÍBRIO INTERIOR

Deixe o outro assim como ele é.
Seja ele o seu amigo ou o seu inimigo:
Desista de querer mudá-lo.
Contemple-o simplesmente.
Medite o interior dele:
Ele é como é.
Ela pode ser como é.
Suas expectativas apressadas irão desaparecer.
Ele pode ser como é.
Ela pode ser como é.
É bom que ela seja assim como é.
É bom que ele seja assim como é.

E você irá descobrir,
aquilo que está dentro dele e dentro dela
em sabedoria, em força, em anelo, em amor.
A serenidade irá presenteá-lo ricamente.
Ela lhe será um bom guia,
para que você lide amorosamente com as pessoas.

Sereno, você poderá ser bem presente.
Sereno, você poderá desfrutar o momento.
Sereno, você estará livre da pressão.
Você não precisa vivenciar tudo aquilo que é possível.
Você experimenta a vida em sua plenitude.
E você irá sentir:
Mais do que isso não existe.

8

Ame seus valores, mas não desvalorize os outros

$\mathcal{C}$ríticos de época costumam falar em mudança ou até perda de valores nos dias de hoje. Mas valores não podem ser perdidos. Eles existem e não se deixam extinguir. O que muda é a postura, a atitude das pessoas. Nós podemos perder a nossa relação com os valores. Desde a época da filosofia grega, foram descritos valores fundamentais do ser humano, inclusive, a definição de ser humano foi vinculada a eles. A tradição concorda no seguinte ponto: Os valores tornam a vida cheia de valor. Os valores conferem à nossa convivência, ao nosso trabalho, ao nosso pensar, um valor mais elevado. Os gregos falam em relação aos valores de *arete*, ou seja, de habilidade, de talento e de força. Os latinos acentuam este último aspecto, quando falam em *virtutes*, isto é, em fontes de força das quais podemos dispor. A expressão inglesa para os valores, *value*, provém de *valere*, que significa ser forte e saudável. Os valores atribuem às nossas vidas robustez e força e nos tornam saudáveis. Sem valores, a vida se torna sem valor. Os valores conferem dignidade ao ser humano.

Não tem nenhum proveito lamentar-se apenas pela perda de valores. Nós também não deveríamos reivindicar os valores de forma moralizante e apontar, com o dedo em riste, que precisamos de valores, porque, do contrário, a nossa dignidade se perderia. Através de moralizações, eu não consigo conferir validade a nenhum valor. Nós precisamos fazer propaganda para os valores. Uma pessoa se envolverá antes com algum valor, quando realmente sentir que este confere valór à sua vida, do que se a gente quiser levá-la a ter uma consciência ruim.

Para o filósofo grego Platão, quatro são os valores fundamentais: justiça, coragem, moderação e prudência.

Em relação à justiça, não se trata de justiça social, ou seja, que se seja justo com todas as pessoas e que se distribua equitativamente todos os bens do mundo. Antes, a justiça começa quando dou atenção de forma justa às diferentes forças psíquicas. Eu preciso, portanto, levar em consideração tudo aquilo que há em mim, para que eu possa viver adequadamente. Eu me torno justo em relação a mim mesmo. Neste caso, eu também consigo me tornar justo em relação aos outros e lidar adequadamente com eles.

A coragem é, em primeiro lugar, a virtude do guerreiro e do esportista. Para os filósofos e políticos, a coragem consiste em também defender aquilo que eles mesmos reconheceram como sendo correto – mesmo se, ao fazê-lo, se defrontarem com resistências ou agressões. Hoje existem muitos políticos e lideranças econômicas para quem os únicos valores são aqueles que se relacionam à adesão experimentada entre a população. Eles não vivem valores interiores, mas se definem através da valorização que experimentam exteriormente. Os populistas se remetem exclusivamente a esta anuência externa. Interiormente, não possuem nenhum valor, eles parecem vazios. Contudo, este vazio também solapa a nossa convivência.

Encontrar a medida certa é a precondição para uma vida saudável. Moderação não significa mediocridade. Qual é a minha medida, eu reconheço quando a tiver excedido. Mas, continuamente, eu não posso viver acima de minha medida. Caso contrário, eu fico doente e implodo em mim mesmo. E a moderação é importante para as economias de hoje. Nós não podemos crescer sem medidas. Precisamos conservar a medida, que a criação nos predetermina. Ou, senão, nós exploramos a natureza e diminuímos a medida que concedemos aos nossos descendentes.

Também a inteligência é uma virtude que necessitamos, para que a nossa vida preste. Ela é a arte de, no momento certo, tomar a decisão certa e de fazer aquilo que é adequado para o momento. Ela tem a ver com a capacidade de prever. Tomás de Aquino relaciona *prudentia* (prudência) com *providentia* (antever). A pessoa prudente necessita de um horizonte mais amplo para reconhecer o que é certo para o momento. E prudência significa: viver conscientemente e não simplesmente viver de forma apática. Neste sentido, Jesus elogia o homem prudente que edificou sua casa sobre a rocha e as virgens prudentes que carregam consigo as suas lamparinas de óleo, porque contam com o fato de que o seu esposo possa demorar-se por mais tempo.

Quem vive valores, torna-se independente de valorações externas, está ancorado em si mesmo. Sabe que ninguém pode tirar-lhe a dignidade, nem mesmo os valores de anuência, para os quais as últimas sondagens feitas pelo Infratest[3] indicavam. Quem não possui valor em si mesmo conhece, como único valor, o valor atribuído às coisas pelos outros. Mas o objetivo de se tornar pessoa é libertar-se da valoração feita pelos outros. Caso contrário, eu sempre me oriento pela opinião dos outros e me entorto interiormente. Eu não vivo mais a mim mesmo, mas sou vivido por outros. Preciso espreitar a opinião dos outros, ao invés de confiar no próprio saber e sentir. Eu não decido mais a partir do direito e da justiça e de acordo com os valores que tornam a vida valiosa, mas somente de acordo com aquilo que é aceito pelas demais pessoas. A maioria das opiniões se torna a medida e não mais a sua qualidade. Assim não podem amadurecer novas compreensões. A gente se torce e retorce de acordo com as tendências em constante variação. Contudo, o que os seres humanos necessitam é de clareza e de confiabilidade, de autenticidade e de coragem para se empenhar por aquilo que foi reconhecido como sendo certo.

Em conversas pessoais, muitas vezes, eu vivencio o rumo para o qual as valorações conduzem. Eu não só encontro muitas pessoas que se tornam totalmente dependentes das valorações de seu meio. Eu também cruzo com muitas que se valoram a si mesmas. Assim que começam a falar de si mesmas, elas se valoram, falam de seu ciúme. E logo vem a objeção: "Com 50 anos, eu já não deveria mais ser ciumenta". Ou elas falam de sua suscetibilidade. E já logo vem a valoração: "Esta suscetibilidade boba e imatura me irrita". Elas falam da ira que se apoderou delas por toda a tarde. E elas se irritam com sua ir-

---

3. Instituto de pesquisa de opinião da Alemanha (N. T.).

ENCONTRAR O EQUILÍBRIO INTERIOR

ritação e pensam que isso muitas vezes é doentio. Tudo aquilo que relatam é ladeado por uma valoração: De fato, isto não devia existir. Que isso seria um sinal de imaturidade, de doença ou também de culpa. Nestes casos, eu sempre procuro intermediar: "Pare de se julgar. As coisas são assim como são. Você tem irritações, você tem ciúme e raiva. Tudo pode ser. A questão é como você lida com isso. Você não é responsável pelos pensamentos e sentimentos que emergem de dentro de você, mas somente por sua reação a eles". Eu só posso modificar aquilo que eu aceitei. Eu preciso, primeiramente, aceitar o que há em mim, sem valorá-lo. Se imediatamente avaliá-lo de forma negativa, eu mesmo me desvalorizo. Desvalorizar-me, por outro lado, impede-me de achar um caminho para lidar com a minha ira, com o meu medo, com a minha tendência à depressão. Daquilo que desvalorizo, eu preferiria me livrar. Mas, neste caso, isso continuamente irá me perseguir. Somente aquilo que é aceito pode ser transformado. O que é desvalorizado me puxa para baixo. E, então, me falta para viver.

Muitas vezes, eu me deparo com pessoas que se autoacusam, por pensarem mal de outras pessoas. Elas julgam constantemente as outras. Assim que adentram determinado espaço, começam a valorar. "Aquele ali tem um aspecto engraçado. Aquele outro está mal vestido. A mulher parece pouco inteligente. A outra é insegura. Aquela me é antipática". Imediatamente emitimos juízos de valores. E, demasiadas vezes, nós desvalorizamos os outros. Contra a primeira impressão, nós não podemos fazer nada. Ela simplesmente está aí. Às vezes, não obstante, a primeira impressão é um bom sinal. Se alguém nos é espontaneamente antipático, então, isso se refere a um impulso, para sair do seu caminho e para não buscar a sua proximidade. Todavia, eu não devo permitir que a minha impressão venha a se tornar um juízo sobre aquela pessoa. Eu não devo desvalorizar aquele que não me parece simpático. Talvez o referido sentimento tenha a ver comigo mesmo. Trata-se simplesmente do primeiro sentimento. Talvez aquela pessoa me faça lembrar outras pessoas, com as quais eu fiz experiências negativas. Quando eu preciso trabalhar com essa pessoa, então eu não posso permanecer estagnado na primeira sensação. Eu preciso buscar percebê-la em sua singularidade, preciso dar-lhe uma chance. Pode ser que ela se revele como sendo alguém bem diferente daquela primeira impressão. Nunca nos compete julgarmos os outros. Nós não devemos emitir juízos sobre eles. No máximo, podemos valorar determinado comportamento e nos distanciar deste. Mas valorar o ser humano, enquanto pessoa, não nos compete.

Na economia, os trabalhadores são constantemente julgados e avaliados. Sim, já na escola, os alunos recebem notas. De fato, essas avaliações ou notas somente se referem à produção dos alunos ou colaboradores. Mas existe o perigo de que com isso nós também atribuamos notas e avaliemos a pessoa. E isso leva a uma atmosfera que não é boa para ninguém. Sempre temos a impressão de que através do nosso comportamento, de nosso trabalho, precisamos perseguir o objetivo de tirar boas notas. Com isso a vida se torna exaustiva. E guiamo-nos apenas pelas notas e avaliações, ao invés de nos questionarmos acerca dos valores interiores e de viver a partir deles. Nós nos definimos a partir do juízo dos outros. Isso faz de nós pessoas não-livres, e, muitas vezes, suscita em nós o medo de não correspondermos aos critérios de valor dos outros. Nós nos sentimos desvalorizados e nos tornamos inseguros. Perdemos o sentimento de nossa identidade própria. Uma postura assim também irradia sobre os outros. Por isso é necessário coragem para libertar-se dos próprios juízos e também dos juízos alheios e reconhecer o valor-próprio mais profundo que reside na dignidade inviolável que recebemos de Deus. Isto nos liberta. E, se nós nos relacionarmos com os outros sem pré-juízos, nós também os auxiliaremos a terem maior liberdade.

Trata-se, pois, de um paradoxo: para você descobrir os seus próprios valores, você precisa avaliar. Você precisa decidir sobre o que é valioso e o que não é. Valores têm, pois, a ver com avaliar, dado que Deus nos concedeu a capacidade de julgar. E, mesmo assim – assim nos exorta Jesus –, nós não devemos julgar, para que não sejamos julgados (cf. Lc 6,37). Mas também vale a outra experiência: Quem encontrou seu valor não tem necessidade de avaliar os outros.

O Abade John Eudes Bamberger pediu para que o teólogo e psicólogo holandês Henri Nouwen meditasse sobre a seguinte frase, durante a sua estadia no mosteiro: "Eu sou a glória de Deus". Isso talvez soe um tanto exagerado. Mas é o sim de Deus para nós em Jesus Cristo. Um sim que transforma a nossa vida.

Viva os seus valores,
mas não valore os outros.
Procure experimentar concretamente o valor
da seguinte frase:
"Eu sou a glória de Deus".

O que significa esta frase,
enquanto você medita?
Fareje em seu encalço,
sinta o que ela significa para você.
Sinta o seu valioso valor.

Pergunte-se:
Quais são os valores,
que me são sacrossantos?
O que torna a minha vida valiosa?

Sentir o próprio valor, isso liberta você.
A avaliação dos outros perde a gravidade.
Você não precisa avaliar os outros.
Eles têm o direito de ser como são.

Você sabe:
Também eles possuem uma dignidade inviolável.
Você sente:
Também dentro deles resplandece a glória de Deus.

Talvez você não seja capaz de evitar o primeiro juízo de valor.
Ele pode se formar espontaneamente em seu cérebro.
Mas ele não precisa se sedimentar.
Deixe estar.

Diga a você mesmo:
Não me cabe julgar os outros.
Eles são como são.
Deus os conhece.
Eu não preciso desnudá-los em seu imo.
Eu deixo a sua valoração para Deus.

Deixe de julgar.
E você mesmo se tornará mais livre
e mais sereno.

9

Lute pelos seus objetivos, mas também busque a paz

$\mathcal{A}$ vida é uma luta. Essa palavra nós não gostamos de ouvir hoje em dia. Preferiríamos que as coisas fossem ainda mais confortáveis. O bem-estar é a palavra mágica do momento. Acima de tudo, é preciso tentar ser alegre, se sentir bem. Contudo, a vida não é um cantinho aconchegante e, do orbitar em torno de si mesmo, advém pouca força. E quem age assim, por si mesmo, atua debilmente. Por outro lado, lutar não significa conquistar ou destruir. Em primeira linha, compreende outra coisa: a vigília, a decisão enérgica e a disposição de não somente falar bonito, mas também empenhar-se com ações por aquilo que é importante. Nas grandes narrativas da humanidade e nos mitos das religiões, fala-se em lutar. E, na misteriosa luta de Jacó com o anjo, é demonstrada a questão que se coloca: trata-se de uma prova. Também os monges dos primórdios do cristianismo falam de *militia Christi*, ou seja, do serviço militar a Cristo. Eles compreendiam a vida espiritual como uma luta, sobretudo, como a luta contra os demônios. O que eles denominavam de demônios eram as forças interiores dos seres humanos, que queriam impedi-los de dispor livremente sobre si. Os demônios são as pressões interiores, modelos de vida, paixões e emoções, que têm a tendência de tomar posse do ser humano. Do embate espiritual, que os monges viviam antecipatoriamente e que eles descreviam, emanava, naqueles tempos, uma grande força espiritual. Muitos homens jovens emigravam para o deserto a fim de ver os "atletas de Deus", como os monges eram designados naquela época. A um homem jovem, que pediu conselho a Santo Arsênio, este respondeu: "Lute, enquanto sua força durar, de modo que o seu agir interior corresponda ao de Deus. Assim, você também superará as dificuldades exteriores" (Apo 47). Os monges não só lutavam contra as intempéries do deserto e os perigos externos. Eles conduziam, sobretudo, uma luta interior; queriam moldar o interior de tal maneira que Deus tivesse um espaço dentro dele; em sentido último, queriam deixar-se cunhar por Deus. Mas, para isso, precisavam vencer todas as paixões, ao invés de se deixar determinar por elas.

Hoje, evidentemente, a nossa luta assume outro aspecto daquele característico aos monges antigos do século IV. Mas também a nossa luta necessita de objetivos interiores e exteriores. Objetivos interiores se referem à batalha pela autenticidade e pela identidade própria. Nós devemos batalhar para nos tornarmos livres interiormente e não nos deixarmos dominar por quaisquer predisposições. Para mim pessoalmente, representa uma luta confrontar-me sempre de novo com os meus erros e fraquezas e me distanciar deles, para que eu me torne permeável para Jesus Cristo. Outros lutam com vícios ou partes sensíveis, que lhes incomodam. Outros ainda batalham para encontrar seu próprio caminho ou para avançar em direção às suas fontes mais profundas. Alguns têm a impressão de que lutam em vão: eles se submeteram a terapias, andaram por caminhos espirituais, mas têm o sentimento de que nada ajudou, de que eles ainda são determinados por suas depressões e angústias. Talvez tenham lutado demasiadamente contra si mesmos, em vez de terem lutado consigo e com suas depressões. Quem se enfurece contra si mesmo desperta em si uma força contrária igualmente poderosa, de modo que desperdiça toda a sua energia na luta. Os monges não tinham este tipo de luta em mente. Não era uma luta contra si, mas em favor de si. Mas também para esta contenda é necessário muita paciência, para não desistir da luta; ao contrário, sempre retomá-la e não desistir de si mesmo. Também são necessárias a experiência e a compreensão de que uma luta interior deste tipo também pode infligir ferimentos, assim como foi o caso de Jacó junto ao rio Jaboque. Um ferimento assim não precisa implicar necessariamente em enfraquecimento, mas principalmente em fortalecimento.

Mas nós também necessitamos de objetivos exteriores pelos quais nos empenhamos. Na economia fala-se em compromisso com metas, as quais os diretores discutem com os colaboradores. Os diretores precisam desenvolver visões, a partir das quais devem ser formuladas metas inequívocas e descritas as formas de alcançá-las. Às vezes, isso soa um tanto mecânico, mas também uma empresa não consegue subsistir sem objetivos. Cada um que assume responsabilidades relaciona a sua atribuição aos objetivos a que se propôs. Para alcançar estes objetivos, precisa empenhar-se com toda a sua força e lutar por eles. Somente convencer os colaboradores acerca das metas não basta, eles querem ver como o diretor luta para atingir estes objetivos. Sim, dirigir consiste justamente na arte de não somente tornar as metas evidentes, mas também em promovê-las de tal forma que a vida seja fomentada.

Na ponta de cima de uma empresa, de uma entidade, de uma organização, seja qual for seu matiz, somente pode estar alguém que luta pelos objetivos comuns. Necessita-se de alguém que, com o empenho de sua pessoa, é capaz de alavancar as coisas. Caso contrário, manifestar-se-ia no grupo a força gravitacional que puxa todos para baixo. Para esta luta, são necessárias força e clareza, assim como paciência e confiança. No empenho por meus objetivos, eu também sempre vivenciarei decepções. As razões são múltiplas: os colaboradores ou os membros da entidade não atuam da maneira como esperei, ou combatem minha estratégia ou os meus objetivos; tentam me depor através de intrigas. Quem luta sempre é ferido também. Quem quer sempre se proteger de cada ferimento não consegue lutar.

Lutar, porém, não é tudo. E, mesmo um objetivo pelo qual vale a pena batalhar, não deve ser perseguido com todos os meios. Cada vez mais se impõe a compreensão de que é importante dirigir não só com *power*, isto é, poder, mas com valores. Nem todo o meio é santificado pelo objetivo. Existem pessoas que perdem isso de vista em sua luta. E também sempre há pessoas que em sua batalha por uma boa causa se tornam cegas. O exemplo típico é Michael Kohlhaas[4], que luta por fins nobres, mas que, em seu ofuscamento e obstinação, acaba gerando muito sofrimento. Eu não posso agarrar-me à minha luta, caso contrário, sequer percebo quando a luta tiver

---

4. Michael Kohlhaas é uma novela de Heinrich von Kleist (1810) (N.T.).

se tornado sem perspectivas. Ao lutar, sempre é necessário manter o contato com as pessoas com as quais eu disputo e o diálogo com aqueles que não estão envolvidos, para reconhecer se a luta vale a pena e se ela deve ser conduzida adiante. Quem se dissolve demais na luta se torna cego. Mas mesmo o guerreiro recua para depois recomeçar a lutar. E o esportista, por exemplo, o boxeador, precisa da distância, para poder retomar novos ataques. Ele não pode lutar contra a parede – neste caso, ele terá por resultado uma cabeça ensanguentada.

O polo contrário da luta é a paz. Uma batalha militar termina em um acordo de paz. Quem se tornou cego na luta jamais cessará de lutar. E também nunca admitirá que perdeu a batalha. Faz parte da luta ter a capacidade de saber perder. O lutador leal sabe reconhecer que o outro foi mais forte ou que a luta na empresa não levou ao objetivo proposto. Fazer um acordo de paz significa admitir que não há mais sentido em continuar lutando. Quando a luta prejudica todos os envolvidos, sobra somente o caminho do armistício. Porém, no acordo de paz, não deve haver vencedores e perdedores. Porque, neste caso, a paz não será duradoura. Cada uma das partes precisa se sentir respeitada e poder conviver com a paz acordada.

Lutar e empenhar-se pela paz também são os dois polos, que cada um precisa relacionar dentro de si. Existem pessoas que só se sentem bem quando possuem o máximo de inimigos, contra os quais podem lutar. Assim que os inimigos não existem mais, elas não se sentem nem um pouco bem. Porque, então, elas são confrontadas consigo mesmas. E, em pouco tempo, precisam de um novo adversário. Quando exteriormente não encontram nenhum, combatem a si mesmas e muitas vezes se tornam, então, depressivas. Junto à luta precisa haver a disposição em fazer as pazes. Eu só posso promover a paz, quando vivo em paz comigo mesmo.

É verdade que os monges da Antiguidade falavam do valor da luta, mas eles não viam na luta o objetivo final. Acima de tudo, o objetivo era a *apatheia,* ou seja, um estado interior de paz e de liberdade. O grande psicólogo entre esses monges anciãos da Antiguidade, Evágrio, denomina a saúde alma de *apatheia.* E saúde da alma significa: combater as paixões em relação a si mesmo ou às demais pessoas. Elas vivem em paz entre si e servem a mim para que a minha vida tenha parte em sua força.

São Bento, em seu *Prólogo à regra monástica,* faz a seguinte pergunta aos irmãos neófitos: "Quem tem prazer em viver?" Àquele que responde afirmativamente, São Bento contrapõe a seguinte palavra do Salmo: "Se queres possuir a verdadeira e perpétua vida, guarda a tua língua de dizer o mal e que os teus lábios não profiram a falsidade; afasta-te do mal e faze o bem, procura a paz e segue-a" (RB, Prólogo 17). Afastar-se do mal corresponde à luta, à qual o monge se submete através do seu ingresso na comunhão. Mas, ao lado desta luta, precisa haver a busca pela paz, para que se possa ser de fato um monge. E Bento diz, com as palavras do salmista, que o monge não só deve buscar a paz, mas segui-la. Ele entende este seguir a paz, por um lado, como parte do caminho espiritual de cada um. Cada um tem o objetivo de encontrar a paz e de entrar em sintonia consigo mesmo. Nisto consiste o verdadeiro prazer em viver. Por outro lado, o monge também deve estar disposto a colaborar com a paz na comunhão. Por isso, Bento luta contra o vício de resmungar. Pois este resmungar envenena a comunhão.

Na Idade Média, a *pax benedictina* (paz beneditina) se tornou proverbial. Que uma comunidade possa viver em paz, não é algo natural. Para isso, é necessária a disposição dos monges em viver em paz uns com os outros. E é necessária a sabedoria do abade, que organiza tudo de tal forma "para que os fortes encontrem aquilo que aspiram e os fracos não sejam desencorajados" (RB 64,19).

Lute pelos seus objetivos,
mas também procure a paz.
Luta e paz são polos de cada vida.
Isto também vale para a sua vida.

Conscientize-se:
A paz não é somente o resultado da luta.

Aprenda a discernir:
O que é dado fazer em uma situação concreta, lutar ou selar um acordo de paz?

Às vezes, não vale a pena lutar.
Neste caso, é mais importante selar um acordo de paz consigo mesmo e com a situação à sua volta.

Mantenha-se claro e consequente.
Um acordo de paz precipitado pode ser
um compromisso podre.
Não se esquive de um conflito necessário.
Muitas vezes, somente um conflito que se aguenta
leva a uma solução real.
Desenvolva uma boa percepção para o seguinte:
O que está certo para você neste exato momento?

Tenha sempre em mente:
O objetivo não é a luta.
O objetivo é a paz.

Inquira sempre:
Quando é hora de lutar?
E quando é hora de selar a paz?

Sinta o seu interior.
Lá onde você sente a paz no fundo do seu coração,
lá você encontrará o que é certo.

Pode ser que você sinta:
Trata-se de perseverar no conflito.
Então lute pelos seus objetivos.

Mas também pode ser que você sinta
no seu profundo íntimo:
Não vale a pena continuar lutando.
Chegou o período da paz.
Então confie na paz e a persiga!

10

Seja bom para consigo mesmo e abra o coração para os outros

$\mathcal{A}$nthony de Mello[5] conta uma história que expressa precisamente o que está em questão na relação das pessoas entre si e consigo mesmas. Um comerciante se dirigiu ao mestre e queria saber dele qual seria o segredo de uma vida bem-sucedida. Ao que o mestre redarguiu: "Faça cada dia uma pessoa feliz!" E acrescentou, após uma breve pausa: "[...] mesmo que esta pessoa seja você mesmo". E, um pouco mais tarde, completou: "*Sobretudo*, quando esta pessoa é você mesmo".

Nenhum de nós vive sozinho. "Somente algumas pessoas vivem o que é humano", disse Goethe, certa vez, em uma carta a Schiller. Isso soa como uma obviedade, mas também não. O eu e os outros estão sempre relacionados reciprocamente.

---

5. Anthony de Mello (Nasceu em Bombaim, em 04/09/1931, e faleceu em Nova York, em 02/06/1987) foi um padre jesuíta e psicoterapeuta. Escreveu sobre espiritualidade, mesclando a doutrina judaico-cristã ao budismo (N.T.).

Muitas vezes, pensamos que agir bem diz respeito somente aos outros. Tratar bem a si mesmo, isso soa para alguns cristãos como uma adesão esotérica. Outros pensam que aqui estaria sendo proclamado um cristianismo amaciado. Mas isso não confere. Jesus nos conclama a sermos misericordiosos. E a misericórdia não é nada mais do que a bondade e a mansidão em relação a si mesmo e às demais pessoas. Seria falso acreditar que no cristianismo somente se fala do amor ao próximo. Que nós somente tenhamos de cuidar dos outros e não de nós mesmos. Misericordioso é aquele que tem um coração para os infelizes e pobres. Mas, antes de ele poder ter um coração para os infelizes e pobres, ele precisa ter um coração para aquilo que é pobre e infeliz dentro dele próprio. Jesus vinculou o amor ao próximo ao amor a si mesmo: "Você deve amar ao próximo como a você mesmo" (Mt 22,39). Com isso, ele cita um mandamento do Antigo Testamento que se encontra em Lv 19,18. Nos primeiros tempos, os cristãos praticamente só percebiam a primeira parte do mandamento. Muitos santos se consumiram no serviço do amor ao próximo e com isso realizaram grandes coisas. Contudo, nem todo mundo é herói do amor ao próximo. Muitos que se sacrificaram pelos outros e, com isso, imaginavam cumprir o mandamento de Jesus se tornaram amargos, endurecidos e infelizes. Eles tinham a impressão de existirem somente para os outros, mas, quando eles mesmos precisavam de alguém, não havia ninguém disponível para eles. E, cedo ou tarde, eles também precisaram de ajuda. Então se decepcionaram. Sua necessidade de auxílio e atenção indica que eles também não eram capazes de sempre se doarem somente. Nós não somos Deus, que sempre serve a partir de uma fonte inesgotável. Só podemos dar quando também recebemos. Precisamos da dedicação dos outros. Precisamos também, sobretudo, da dedicação a nós mesmos. Isso Jesus queria dizer com o amor a si mesmo. Nós devemos lidar amorosamente conosco mesmos. Somente assim o amor ao próximo irá efluir de nosso coração. Ele também vivificará a nós mesmos, ao invés de nos sobrecarregar.

E o que então significa ser bom em relação a si mesmo? Não significa cruzar as mãos sobre o colo e me permitir ser assim como eu sou. Pois, eu também quero crescer, ainda não sou assim como eu gostaria de ser. Ser bom para consigo mesmo significa, em primeiro lugar, aceitar-se assim como se é. Somente posso mudar aquilo que eu aceitei. Preciso, portanto, reconciliar-me primeiramente com a minha história, com o meu caráter, com as minhas forças e fraquezas. E, acima de tudo, eu preciso reconciliar-me com o meu corpo, assim como ele é.

Na conversação pastoral, reiteradamente conheço pessoas que interiormente se enfurecem contra si mesmas e querem à força ser diferentes. Mas se eu me enfurecer contra mim mesmo, quando eu me condeno por ser assim como sou, então eu também não consigo me transformar. Neste caso, eu me torno refém da luta contra mim mesmo. Aquilo que eu condeno em mim, eu dissocio de mim. E, assim, isso não se transformará. Preciso aceitar o fato de que eu possuo estas ou aquelas fraquezas e falhas. A fraqueza sempre fará parte de mim, por isso, preciso lidar afetuosamente com ela. Então ela se modificará.

Quando eu não sou capaz de perdoar os meus erros, eu me fixo neles. Se eu sou uma pessoa suscetível e ataco à força a minha suscetibilidade, então ela sempre arrebentará de novo. E eu constantemente me irritarei por não ter conseguido largar mais de mim. Se, todavia, eu me reconciliar com a minha suscetibilidade, ela não deixará de emergir de novo, mas lidarei de forma afetuosa com ela. Eu digo a mim mesmo: Sim, eu sou uma pessoa suscetível. Mas, lá onde sou suscetível, eu também sou sensível. Ali eu também consigo compreender bem as outras pessoas. Ou eu estendo a minha suscetibilidade para Deus. Então eu sinto, naquele lugar especialmente suscetível, o calor do amor de Deus. Assim, a minha suscetibilidade vai sendo gradualmente transformada. Amor, seja de origem humana ou divina, é a força que transforma. O amor pode trazer de volta à vida aquilo que secou. Ele pode fazer com que refloresça aquilo que se tornou ressequido. Ele pode voltar a tornar macio aquilo que endureceu; àquilo que foi desprezado, ele pode restituir o brilho da beleza e, à escuridão, trazer a luz. Ele é um fogo que esquenta o que esfriou e que transforma um coração, cujo fogo se extinguiu, em um lugar de luz e de vida.

Mas eu também não estou abandonado às minhas fraquezas, por outra razão: eu posso trabalhá-las. Então elas se modificarão. E talvez, então, de minha fraqueza surgirá uma força. Lidar bem consigo não é uma oposição à ascese. Ascese significa exercício. A ascese somente se converte em violência, se eu me enfureço contra mim mesmo, ao invés de lutar comigo mesmo. O esportista somente treina corretamente quando aceita o seu corpo com os seus limites. Então ele poderá deslocar lentamente os limites. Quando a ascese não é fruto do amor a si mesmo, ela conduzirá ao ódio a si mesmo. Entretanto, o ódio a si também impedirá de amar o próximo. A ascese somente me levará adiante se eu tratar a mim mesmo ternamente. Então eu paro de me lamentar sobre mim mesmo e sobre minhas limitações, admito os meus limites. Mas eu também tenho vontade de trabalhar em mim, para que os meus limites sejam dilatados e me deem mais espaço para viver. E, em sentido inverso, a ascese, compreendida corretamente, é a arte de sempre de novo conseguir se alegrar. Sim, a ascese incrementa a vontade de viver.

Psicólogos falam da "armadilha do egoísmo": Pessoas que somente querem amar a si mesmas, mas confundem amar a si mesmas com orbitar em torno de si, ficam estagnadas em si mesmas. Elas satisfazem a todas as suas necessidades. Mas, mesmo que elas contratem, um fim de semana atrás do outro, estadias em centros de bem-estar, no final das contas, elas se sentem sozinhas e vazias. Eu só me sinto realmente bem quando também abro o coração aos outros, quando me volto para os outros. Então, muitas vezes, eu vivencio a dádiva do encontro.

Contudo, não devo instrumentalizar o outro. Se eu abrir o coração ao outro tão somente para ser gratificado por ele, então eu sairei de mãos vazias. Todavia, se eu abrir meu coração, porque o outro me interessa, porque sinto a sua carência, porque estabeleço uma relação de empatia com ele, porque quero ajudá-lo, então serei ricamente agraciado. Quando eu dou, porque eu mesmo recebi amor suficiente e, ininterruptamente, continuo recebendo-o de Deus, então, ao dar, eu mesmo sou enriquecido. Se o outro se sente compreendido por mim e, quando se afasta de mim, se sente aliviado, então sinto-me agraciado, pois através de mim mais alguém voltou a viver. Isto me causa gratidão e alegria. Eu posso interiormente agradecer a Deus por este encontro ter sido tão profícuo, porque o outro pôde regressar à sua casa, fortalecido e transformado.

Ambos os polos, amor a si e ao próximo, não sucedem um ao outro; não estão em uma relação de superioridade e inferioridade, mas imbricados mutuamente. Eu não posso aguardar para amar ao próximo, até que tenha conseguido amar-me a mim mesmo. Porque assim eu possivelmente teria de aguardar até a morte. Eu sempre permanecerei com algum déficit referente ao amor-próprio. Quando eu digo que o amor ao próximo e o amor-próprio estão imbricados, quero dizer que às vezes eu me volto mais para um dos polos e outras vezes mais para o outro. Mas muitas vezes também ambos os polos ocorrem concomitantemente. Ao ajudar alguém, eu também sinto uma nova qualidade de amor-próprio. Eu sou grato a mim mesmo e por tudo aquilo que Deus me presenteou em capacidades e em afetuosidade.

Eu conheço enfermeiras que gostam de ajudar e que verdadeiramente se desmancham em amor ao próximo. Dizer a elas, como uma regra geral, que seria melhor elas cuidarem de si mesmas, iria somente refrear o seu amor. Contudo, também existem pessoas que são consumidas pela sua dedicação amorosa aos outros. Elas precisam de períodos em que possam se dedicar afetuosamente a si mesmas, para que o seu amor ao próximo não se extinga. Precisamos de bom-senso em relação àquilo que se move em nossa alma. Assim como dizia a história de Anthony de Mello: Cuide também de si quando você cuida dos outros. Faça-os felizes e isso multiplicará a sua própria felicidade e a sua riqueza interior. Assim também se confirma um dito chinês: "ajudar-se entre si torna ricos mesmo os pobres".

Seja bom para consigo mesmo e abra o seu coração para os outros.
Ter um coração para você mesmo
e abri-lo para os outros nem sempre é fácil.
Mas se trata dos dois lados de uma mesma realidade.
Quando o equilíbrio entre ambos dá certo,
então a sua vida pode dar certo.

ENCONTRAR O EQUILÍBRIO INTERIOR

Procure descobrir para você mesmo:
Você possui dentro de si a sensação de que uma das partes
está negligenciada?
Procure descobrir:
Como seria possível restabelecer o equilíbrio?

Procure sentir o seu interior, como você está se sentindo:
Você está se sentindo explorado?
Isto é um sinal de alarme.
Então seria melhor você tratar de si mesmo.

O seu engajamento pelos outros faz você feliz?
Então desfrute-o também.
Neste caso, ele faz bem a você e ao outro.

Procure também detectar pensamentos negativos:
Há alguma coisa que faz com que você se sinta culpado, inquieto com pensamentos como:
"eu precisaria fazer mais pelos outros!"
ou
"propiciar algo a mim mesmo é egoísmo!"?

Procure analisar minuciosamente estes pensamentos:
Eles têm razão de ser?
Ou eles remetem você a sua infância?
Eles são determinados pela educação que você recebeu?
Foi banido de dentro de você
o pensar em você mesmo?

É este o seu caso?
Então é importante
que você se reconcilie com o seu modelo de vida,
mas, simultaneamente, que você se distancie dele.
Estes pensamentos sempre de novo emergirão de dentro

de você,
assim que você fizer algo de bom para si próprio.

Mas, então, diga a si mesmo:
"Sim, eu conheço estes pensamentos
quando eu cuido de mim mesmo.
Mas eu me distancio agora desta consciência ruim.
Eu me propicio este tempo para mim mesmo.
Eu me arrisco a satisfazer uma necessidade
que, há muito, eu me proibira."

Lide, desta forma, bem consigo mesmo e terá
novamente, dentro de você, a necessidade
de cuidar dos outros.

Você se sentirá bem
quando não orbitar em torno de si mesmo
e se envolver com os outros e os gratificar.
Quando você se dedica com o coração aberto ao outro,
recebe dedicação e aceitação.
E isso você também poderá desfrutar com uma consciência
tranquila.

Seja grato pela sua vida.
Seja grato por um encontro com outra pessoa,
para a qual você se voltou com um coração aberto.
Essa gratidão é uma dádiva.
E ela fará bem a você mesmo.

11

Enfrente o seu medo
e transforme-o em
força de vida

Todos conhecemos o medo, ele faz parte da vida. Contudo, nem todos encaram seus medos. O medo tem uma dupla-face: "Confie em seu medo, pois ele pode salvá-lo; desconfie do seu medo, pois ele pode destruí-lo", sentencia, neste tocante, um texto imemorável. E, no Oriente Antigo, era conhecido o seguinte dito de um sábio: ele disse a alguém que estava em busca de conselho e se queixava de seus medos: "Pense no seguinte, quando um cachorro late e você sente medo: pode ser que ele queira sinalizar um perigo enquanto você acredita que ele está latindo para você. Você não o compreendeu direito".

Quer dizer que o que está em jogo é a compreensão correta do próprio medo. Para isso, primeiramente, é necessário dar-se conta dele e reconhecer que há muitas formas de medo, mas também que há muitas maneiras de evadir-se do seu caminho. Uns se lançam em atividades, para não precisarem sentir a angústia alojada em seu imo. Outros o reprimem ou tentam controlá-lo através de psicofármacos. Contudo, quanto mais negamos a angústia ou a reprimimos, tanto mais forte ela se torna. Ela nos perseguirá em todas as esferas da vida. É necessária muita energia para reprimi-la. E, em algum momento, nós não conseguiremos mais reunir a energia necessária para fazê-lo. Então ela nos inundará. Ataques de pânico surgirão do nada. Não saberemos de onde. O pior, então, é o medo do próprio medo. Assim que o sentimento de angústia emerge em nós, surge o medo de que o pânico possa nos assaltar e de que nós não tenhamos mais recursos para lidar com a situação. Todos iriam perceber o medo em nós. Então, só restaria a fuga. Mas, quanto mais nós evitamos a angústia, tanto mais ela se expande em nossa vida. Ela nos sufoca cada vez mais. E logo todas as nossas atividades vitais serão acompanhadas pelo medo que nos estorvará e atrofiará. Ele nos ameaçará. Medos desta natureza podem ser destrutivos e atuar como um cárcere, do qual não conseguimos nos libertar. Nossa vida se reduzirá cada vez mais. A angústia impede uma vida plena como Jesus nos prometeu. De uma angústia assim nós queremos nos libertar.

Que saída existe para a angústia? O caminho mais importante é o seguinte: não a negar, mas enfrentá-la. Mas isso somente é possível quando eu a encarar com outros olhos. Ao invés de percebê-la como algo hostil ou, inclusive, doentio, que eu de toda forma preciso ocultar ou combater, eu preciso encará-la como uma amiga. Eu preciso verificar se ela quer me dizer algo, algo que para mim seja importante e que me aponta os meus limites. Ou, se ela me chama a atenção para modelos doentios no meu comportamento. Se eu não tivesse nenhum medo, também não teria nenhuma medida. Neste caso, eu sempre me excederia desesperadamente para além das minhas forças. Logo, o medo pode assumir uma função importante e curativa. A fábula "a respeito daquele que se mudou para aprender o temor" mostra como uma pessoa sem medo se torna incapaz de estabelecer relações verdadeiras. A história é sobre dois filhos, dos quais um é inteligente e covarde e o outro, o mais jovem, é tolo e sem temor. O pai expulsa este último de casa porque ele parece não servir para nada. Ao se mudar, para aprender o temor, isto representa a sua tentativa de se tornar gente. No caminho, um carroceiro lhe pergunta: "Quem é você?" Ao que o jovem responde: "Eu não sei". Quem não tem medo de nada, assim conta a fábula, não é uma pessoa de fato. Portanto, ter medo faz parte da existência humana. Em várias situações, o medo estabelece um limite em relação ao outro e leva a uma distância segura, que nos protege e nos permite chegarmos até nós mesmos. Conforme ensina a fábula, o medo nos humaniza e com isso também nos capacita para as relações.

Uma maneira importante de lidar com a angústia é aceitar o fato de que se tem medo, ele tem direito de ser. Eu não lhe atribuo um valor, mas o enfoco. Aquilo que eu desvalorizo, eu não quero enfocar. Muitos não querem enfocar seu medo, mas logo ingerem psicofármacos contra ele. Ou também rogam a Deus para que lhes tire o medo. Contudo, passar por cima de meu medo através da oração, pedindo a Deus que me liberte dele, não vai ajudar. A verdadeira oração enfrenta a angústia e a entrega às mãos de Deus para enfocá-la diante dele. Após tê-la enfocado, sucede a conversa com ela. Primeiramente, pergunto de que eu concretamente tenho medo. Eu tenho medo das pessoas? De quais pessoas? É o medo referente ao seu juízo? Eu tenho medo de me ridicularizar aos seus olhos; de cometer algum erro e com isso ser visto de forma negativa ou ser julgado por elas? Ou seria o medo de não conseguir vencer na vida; ou o medo de perder uma pessoa amada, de ficar sozinho sem a companhia do cônjuge e de ser sobrecarregado com a vida? Ou ainda, seria o medo de adoecer, do câncer ou o medo da morte? E, quando eu enfoco mais atentamente o meu medo de morrer, este se relaciona ao desprender-se ou ao desamparo, às dores, ao caráter definitivo da despedida ou ao desconhecimento em relação à morte e àquilo que vem depois? Ou seria o medo da condenação eterna? A conversa com a angústia a concretiza e lhe toma o seu caráter difuso, que muitas vezes nos inunda e contra o qual não conseguimos nos defender.

Na conversa com a angústia, eu não pergunto somente "de quê?" eu tenho medo, mas também "para quê?" O que o medo está querendo me dizer? Que anseio se oculta sob o meu medo? O medo do julgamento alheio quer me dizer que eu não devo construir a casa da minha vida sobre a areia do juízo dos outros, mas sobre um fundamento firme, sobre uma rocha que me sustenta. E este fundamento não podem ser as outras pessoas, mas sim Deus.

O medo do fracasso quer me advertir de que eu não possuo nenhuma garantia de fazer tudo certo. Mas isso é realmente tão importante? O medo me convida a relativizar as posições fundamentais em minha vida. Muitas vezes possuímos em nós asserções fundamentais que não nos fazem bem. Uma asserção deste tipo é a seguinte: "Se eu cometer um erro, eu não valho nada. Se eu me passar por ridículo, os outros retiram de mim a sua simpatia ou me tomam por desvairado". Ao formular essa assertiva, eu me dou conta de que ela não é verdadeira. O medo me desafia a desenvolver asserções funda-

ENCONTRAR O EQUILÍBRIO INTERIOR

mentais positivas, como por exemplo: "Sou valioso, ainda que cometa erros. Eu tenho uma dignidade inviolável que ninguém pode me tirar". Finalmente, a conversa com o medo me conduz ao próprio fundamento de minha alma. A angústia aperta o nó em torno do meu pescoço ou atinge o meu coração. Mas, sob meus medos há um espaço de quietude, ao qual o medo não tem acesso. Lá reside Deus. E, lá onde reside Deus em mim, a angústia não pode me dominar. Isso não toma de mim a angústia, mas a relativiza. Há, em mim, uma dimensão para a qual a angústia não consegue avançar, onde ela não pode me ameaçar.

Uma pergunta que eu posso formular para qualquer tipo de medo é a seguinte: "Qual é o anseio que se encontra dentro de mim?"

Na angústia se encontra o anelo de ser livre da opinião e da aprovação dos outros; ser livre das concepções de fundo que me sobrecarregam. E, na angústia, também se encontra o anseio pela paz interior, o anelo por poder me confiar a alguém e de ser carregado. É o anseio de realmente conseguir confiar da maneira mais profunda. Eu não consigo simplesmente criar confiança. Mas se eu auscultar o meu anseio, já no ato de auscultar, eu encontrarei confiança. E, se eu sentir a confiança dentro do meu anseio, ela poderá crescer. Em última análise, na angústia reside o anelo por Deus, que me livra de minha angústia. Certa vez, um padre, que se sentia muito dominado pela angústia, me contou que ele por um momento estava totalmente livre da sua angústia. Isso foi para ele uma experiência profunda de Deus. Se eu experiencio Deus, então minha angústia se transforma em abalo, em intensidade, em liberdade.

O objetivo de lidar com a angústia é transformá-la em energia de vida. Muitos atores, que sentem medo ao se exibirem, experimentam esta transformação. O medo antes da entrada em cena não os paralisa, mas os desafia a atuarem de maneira especialmente atenta e a se envolver totalmente com o papel a ser representado. O medo pode nos impulsionar à realização de coisas extremas. Quando eu sinto medo antes de uma reunião, então eu me preparo especialmente bem para enfrentá-la. O medo nos dá asas, justamente porque nos obriga a nos concentrarmos inteiramente no que estamos fazendo, empenhando todas as nossas forças. Todavia, sempre depende da dimensão deste medo. Há um medo que me paralisa. Neste caso, ele retira de mim toda a minha força. O medo me paralisa sempre quando eu quero negá-lo ou reprimi-lo. Se eu o enfrentar, então ele é capaz de atrair a minha força. O medo de fracassar me impulsiona a me preparar meticulosamente ou a estudar intensivamente. O medo de adoecer faz com que eu viva consciente da importância da saúde. E o medo da morte é um convite a viver intensamente cada momento, ao invés de levar uma vida superficial. Assim que eu enxergar no medo um amigo, ele poderá me conduzir à vida e me colocar em contato com as forças e potencialidades disponíveis dentro de mim.

Quando os animais sentem medo, reagem de forma a se evadir o mais rápido possível ou a reunir toda a sua energia para a luta. O medo também deveria ter essa função para nós. Então a angústia, como o filósofo Sören Kierkegaard certa vez disse, se tornará a pedra de toque de qualquer vida: Será "uma aventura que todo o ser humano terá de enfrentar: aprender a se angustiar, para não se perder por nunca haver se angustiado ou por ter se afundado na angústia". Kierkegaard complementa: "Quem, porém, aprendeu a se angustiar corretamente, este aprendeu o que há de mais elevado".

Aprenda a lidar corretamente com sua angústia.
Enfrente sua angústia,
não a negue – transforme-a.

O medo é uma força de vida.
Ele quer lhe dizer algo.
Dê atenção a ele.

Não fuja de sua angústia.
Também não se agarre a ela.
Olhe-a, sem temê-la.

Pergunte-se:
Para que a sua angústia quer habilitá-lo?
Quando a sua angústia convida você a se evadir?
Quando ela convida a deixar uma tarefa,
porque, caso contrário, ela sobrecarregaria você?

E quando a angústia é um desafio?
Onde ela o impede
a encarar vis a vis a realidade?
Onde ela o desafia
a enfrentar o confronto?
Onde ela o motiva
a se envolver atentamente
e com o empenho de todas as forças e capacidades na luta?
Lide zelosamente com a sua angústia.
Então você irá experimentar algo importante.

Você experimentará que a sua angústia se tornará uma amiga sua.
Você não precisa combatê-la.
Você não precisa proibi-la.
Ela pode existir.

A angústia tem uma tarefa importante em sua vida:
Colocá-lo em contato com uma força
dentro de você.
Ela quer colocá-lo em contato também com
os seus limites interiores.
Trata-se do limite adequado a você.
A sua angústia faz com que você se lembre de suas limitações,
aponta para a sua finitude.
Mas ela também o protege
ao lhe mostrar este limite
e ao conscientizá-lo de sua finitude.

E ela pode lhe dar um sinal,
para além da própria limitação.
Perceba também o inconcebível
no limite de sua própria existência,
que é o mistério de sua própria vida.
Assim, a angústia pode se tornar uma força de vida,
que lhe faz bem.
Uma força
que não sufoca, mas liberta.

12

Nossa vida não é feita somente de dias ensolarados — encare as crises como uma chance

"*Faça* como o relógio solar: conte somente as horas de luz." Este antigo dito de calendário é um convite para pensar positivamente. O que está certo neste dito é que a vida, de forma alguma, é apenas lúgubre. Há também os momentos maravilhosos, os dias de sol. Ocorrem aqueles momentos em que a gente se sente em harmonia com tudo o que existe e se experimenta como parte do todo. Há a experiência de sentir-se carregado, de ser um com a terra, onde a vida floresce ao meu redor e também está dentro de mim, me perpassando por completo.

Mas nossa vida é como a natureza, além do brilho do Sol, também conhece intempéries.

O pensamento positivo pode ser muito importante e prestimoso, mas ele também pode falsear a realidade. Hoje em dia existe uma ansiedade exagerada em relação às expectativas, que sugerem que tudo deva ser coberto de êxito. Neste contexto, algumas pessoas querem nos fazer crer que nós somente precisaríamos pensar positivamente e, assim, tudo acabaria bem. E algumas pessoas também o acreditam. Eu encontrei um empresário, na iminência de uma concordata, que simplesmente não queria perceber a realidade. Ele fechou os olhos diante da realidade e me contou que ele somente precisaria deixar entrar a vontade de vencer no fundo de seu inconsciente e assim obteria sucesso. Todavia, esta "crença", em realidade, o precipitou na ruína. Ele achava que podia tudo, contanto que o quisesse. Mas isso o tornou cego às condições de fato de sua empresa. Com essa ideia fixa na cabeça, de que eu somente preciso pensar positivo e deixar que os pensamentos de vitória adentrem meu inconsciente, que tudo o mais dará certo e eu realmente serei o maior, chegará a hora em que fracassarei. Pois esta é uma postura que não condiz com o ser humano. Ela reprime os lados sombrios que também residem em nós. Integra a nossa realidade humana o fato de possuirmos ambos os lados, forças e fraquezas. Usar uma lente cor-de-rosa em nada modificará a realidade. E com a opinião de que tudo não passa de uma questão volitiva e que também a realidade ao meu redor está submissa à minha vontade, com o tempo, eu não alcançarei sucesso, tampouco a felicidade. Se eu crer isso, então excederei o limite que me foi colocado por Deus.

Em nossa vida não está em jogo o anseio por sucesso, mas o anelo profundo por felicidade. Todas as pessoas querem ser felizes. Assim também já o reconheceu e o formulou o maior dentre os filósofos gregos, Platão, há 2.400 anos. Toda a filosofia grega, em sua essência, gira em torno da pergunta de como o ser humano pode se tornar feliz. Para a palavra "felicidade", os gregos empregavam três termos:

Eudaimonia se refere ao bom relacionamento com o *Daimon* dentro de mim. *Daimon*, para Sócrates, é o anjo que acompanha a minha alma. *Daimon* também pode representar a dimensão divina da alma. Portanto, feliz eu somente me torno, quando construo uma boa relação entre a minha alma e o núcleo divino dentro de mim.

O segundo termo é *Eutyche*. *Tyche* é o destino que me cabe. Aqui, a felicidade recai sobre mim. Algumas vezes, nós dizemos: Eu tive sorte, algo de bonito me aconteceu. Mas também aqui é necessária a disposição da pessoa em perceber o que diariamente de felicidade recai sobre mim, como por exemplo através de um diálogo bem-sucedido, de um dia bonito, de uma nova ideia e de muitas outras coisas.

O terceiro conceito para a felicidade, *makarios*, é reservado aos deuses. Somente os deuses são felizes e bem-aventurados, nesta acepção, porque eles são livres e não dependem de ninguém. Eles repousam em si mesmos. Eles estão em harmonia consigo mesmos. Este conceito de *makarios*, Jesus nos prometeu no Sermão da Montanha. Porém, ele vincula a bem-aventurança a determinadas predisposições. Se nós efetivamos estas disposições em comportamentos, então teremos parte nesta felicidade de Deus, estaremos em sintonia conosco mesmos e com o nosso verdadeiro ser.

Todo ser humano quer ser feliz. Isso nós vivenciamos mais do que nunca nos dias de hoje. Há muitos livros da felicidade que, de maneira rápida, prometem a fortuna. Contudo, quem somente corre atrás de sua sorte erra o alvo. Quem incondicionalmente deseja ser feliz terá mais chance de ser infeliz. É certo que existe o ditado: "Cada qual forja sua sorte". Isto é, nós podemos fazer algo pela nossa felicidade. Mas não conseguimos simplesmente fazê-lo, por exemplo, curtindo a vida em algum spa ou seguindo determinadas dietas. A felicidade pressupõe

ANSELM GRÜN

uma atitude interior: a atitude de "deixar-se presentear" e a atitude de aceitar de forma grata o que Deus me presenteia. E a felicidade somente é possível se eu aceitar a minha vida em seu todo. E, desta aceitação, fazem parte as sombras da minha vida, o sofrimento e a escuridão; as crises e os fracassos. Não há felicidade sem dor, assim como não há amor sem o medo da perda. Eu preciso admitir ambos os lados em minha vida e não posso me isolar hermeticamente contra a dor. Caso contrário, chegará o momento em que ela vai tomar conta de mim e eu estarei completamente despreparado.

A vida não desliza sem atrito só porque eu penso positivamente. Minha vida é entrecruzada por doenças, sofrimentos, desastres, perdas de pessoas amadas. Tudo que nos acontece, seja externa ou internamente, nos faz despencar em uma crise. Quem isola estes lados atros da vida, este irá se dilacerar por causa deles. Quem, por outro lado, enxergar na crise uma chance, amadurecerá em decorrência dela.

Decisivos, neste contexto, também são a perspectiva e a interpretação que eu faço da crise. Se a crise não deveria existir, então eu preciso reprimi-la. Isto dará certo por algum tempo. Porém, em dado momento, a crise se tornará tão forte que ela irá questionar todo o edifício de minha vida ou até levá-lo à ruína. O crescimento somente é possível através das crises. As crises fazem parte de nossa vida. A psicologia sabe que, para a felicidade do ser humano, também é importante que ele consiga superar desafios difíceis e através deles perceber que suas forças e capacidades podem inclusive crescer.

A mística, de forma análoga, entende as crises de uma maneira positiva: Johannes Tauler, o místico alemão, enxerga na crise o Espírito de Deus em ação. Ele pensa que, se o ser humano se instala demasiadamente bem em sua vida, ele muitas vezes perde a relação com o seu verdadeiro si-mesmo. Tauler interpreta a parábola da dracma perdida como sendo uma metáfora para a crise. Sendo assim, Deus agiria como uma mulher que procura por algo. Ela revira toda a casa para encontrar a dracma perdida. Assim também, Deus entraria em nossa casa e reviraria tudo, para nos conduzir ao chão de nossa alma. Lá, no chão de nossa alma, nós podemos encontrar a dracma, isto é, o nosso verdadeiro si-mesmo. Tauler fala, neste sentido, de um aperto que nós precisamos atravessar. A crise nos obriga a nos distanciarmos da superficialidade e a alcançar a profundidade própria e a edificarmos a construção de nossa vida sobre este novo fundamento. Ela nos ensina que o fundamento que se teve até então não sustenta.

Justamente, quando nós nos sentimos mais seguros, pode acontecer o desmoronamento. Uma crise bem geral, pela qual quase todo mundo passa, é a crise da meia-idade. O ponto de equilíbrio que se tinha até então sai do prumo. Homens autoconfiantes repentinamente são assaltados por sentimentos ou por pesadelos que não os deixam mais dormir serenamente. O que foi reprimido até então começa a se manifestar. Mulheres que até então haviam se dedicado amorosamente à família subitamente se liberam do estreitamento e querem se autorrealizar. E homens e mulheres se questionam na meia-idade: "Será que era só isso?" A pergunta pelo sentido de tudo se lhes impõe. Não adianta reprimir esta crise. Pois, neste caso, ela iria minguar cada vez mais a vida. A crise sempre também é uma chance para que algo novo cresça. A crise da meia-idade nos coloca diante do desafio de estabelecer um novo equilíbrio entre a razão e o sentimento, entre a necessidade e o prazer de viver, entre a responsabilidade e a liberdade, entre o consciente e o inconsciente.

A crise é uma chance para o crescimento. Envelhecer, nos convida a voltarmo-nos ao crescimento interior. Nós temos valores dentro de nós. Na meia-idade, ao mais tardar, nós precisamos parar de querer somente construir riqueza exterior. Pois esta não nos tornará pessoas felizes. Precisamos da riqueza interior de nossa alma, o tesouro que não pode ser devorado pelas traças, como Jesus o diz (cf. Lc 12,33). Quem ausculta seu interior irá descobrir o tesouro da lembrança dentro de si, mas também o tesouro do silêncio e Deus, como uma pérola valiosa, que restitui o brilho original ao próprio *self*.

Quer dizer, trata-se de uma experiência que não pode ser contornada: a nossa vida conhece dias bons e ruins. Saber que isso é assim, mesmo que no momento a gente não se sinta tão bem; não ver o que é negativo como sendo algo absoluto também pode auxiliar em meio à crise, já que nos torna serenos. Serena é a pessoa que irradia solidez. Que não se deixa facilmente tirar da tranquilidade, nem pelas opiniões dos outros e nem por situações críticas. Isso não quer dizer que ela seja como um poste de concreto, rígido e intacto. Uma pessoa serena é, no máximo, como uma árvore, movimentada naturalmente pelo vento de um lado para o outro, mas que, mesmo assim, continua firmemente arraigada no solo. Ela descansa em si. Uma crise não consegue abalá-la. Quando vejo uma árvore antiga e firmemente enraizada, sinto algo da força que pessoas serenas também irradiam. Ao olhar tal árvore, sinto que as crises também podem nos fortalecer.

Seja realista em sua vida.
Ela não pode consistir somente de dias iluminados.
Seja grato se você nunca passou por crises mais intensas.
Olhe para o seu próprio caminho de vida.
Também você passou por tempos difíceis.
Muitas vezes eles se evidenciaram posteriormente como um caminho em direção ao amadurecimento e à sabedoria.

Em sua vida também ocorrerão crises,
mas não as tome somente como uma ameaça.
Descubra nelas também uma chance em potencial.
A vida de todos nós não se dá sem sobressaltos.

Quando estamos em meio a uma crise,
na maioria das vezes, não conseguimos denotar-lhe nenhum sentido.
Nós nos defendemos dela.
Queremos reconquistar a velha segurança.
Uma crise geralmente vem de maneira inesperada.
Quando ela vier, não entre em pânico.
Aproxime-se amigavelmente da situação.
Pergunte-se o que ela poderá estar querendo lhe dizer.
Não fique cismado com o que você possa ter feito de errado.
Pare de procurar a culpa somente em você mesmo ou nos outros.

Uma vida sem dificuldades não existe.
Não acredite se alguém quiser convencê-lo disso.
As crises contêm a chance para o crescimento.
Pergunte-se
o que a situação quer lhe dizer.
Pergunte-se
onde até agora você viveu de maneira unilateral.
Pense
naquilo que futuramente você deveria observar.
Tome a situação como uma chance
para avançar em direção a novas dimensões do seu "ser humano".
Encare-a como uma oportunidade de
novamente abrir-se para o fundamento de sua vida.

Seja grato por tudo.

Olhe para frente.

13

Viva o seu anelo, pois o que existe não é tudo

"*Deve* haver mais do que tudo." Esta é uma formulação que se origina do anseio. Antigamente, a religião evocava nosso anseio pelo infinito. Em nossos dias, a propaganda descobriu os nossos inúmeros desejos e os explora para levar a sua quase infinidade de produtos ao consumidor. Parece que tudo pode ser comprado. Ela se dirige ao nosso anseio por felicidade, liberdade, sossego, beleza, enfim, por um gozo incessante. Porém, nenhum produto humano, seja um detergente, um automóvel, um vestido, um diamante, pode preencher o nosso anseio mais profundo de forma duradoura. O anelo sempre está além daquilo que nós enxergamos e vivenciamos aqui, ele se dirige, em última análise, a Deus. E somente Deus consegue preencher o nosso anseio mais último. Mesmo assim, inicialmente, nosso afã se volta ao sucesso, à posse, ao amor, à felicidade, a uma vida bem-sucedida. Todavia, se pensarmos o nosso anseio até as últimas consequências, perceberemos que ele nos conduz para além dessa vida. Em nós há algo que transcende esta vida, e isto nos confere a liberdade verdadeira.

Algumas pessoas pensam que o anseio é uma fuga da realidade deste mundo: porque não conseguimos aguentar as coisas aqui, ansiamos por um mundo intacto. Para mim, todavia, o anseio é uma capacitação para viver neste mundo imperfeito sem, contudo, me dilacerar diante de sua imperfeição. Pois ele me ensina que nem o meu trabalho, nem minhas relações, minhas amizades, minha empresa, minha família ou a minha comunhão precisam ser tudo. Que eu irei vivenciar satisfações e decepções no meu trabalho e nas minhas amizades. Ambos despertam em mim o anseio por algo mais, por uma paz verdadeira e por uma liberdade que não tem fim, por felicidade e proteção. A sua satisfação desperta um novo anseio. E o anseio me mantém vivo, para que eu sempre busque mais a integralidade da vida. Mas também a decepção desperta o anseio. Eu conheço muitos que se queixam constantemente por se decepcionarem, seja com o parceiro conjugal ou com os filhos, com a empresa ou comunidade religiosa. Pode também ser o partido político ou a associação, onde estão engajados. Muitas vezes, a frustração leva estas pessoas a se afastarem do parceiro ou da comunidade. Mas também, com isso, a gente não se torna mais feliz. Se, porém, pela frustração, eu deixar despertar o meu anseio, poderei me reconciliar com ela. O anseio, que através da decepção irrompe dentro de mim, se dirige em sentido último para Deus. Ele me pertence, ninguém pode tirá-lo de mim. O anseio alarga o meu coração, é algo santo dentro de mim. O que é santo é aquilo que permanece retraído do mundo, sobre o qual o mundo não possui nenhum poder. A palavra grega para santo, *hagios*, se transformou na palavra alemã *behaglich*, que significa aconchegante. Santo é o recinto que é protegido e no qual

ENCONTRAR O EQUILÍBRIO INTERIOR

eu me sinto seguro. A frustração não consegue adentrar este espaço santo. Ao contrário, ela me conduz para dentro deste espaço. Ela me desvia daquele nível onde sou decepcionado e me abre para o totalmente diferente, para o santo, onde sou protegido contra tudo que pode me machucar.

A palavra alemã para anseio, *Sehnsucht*, vem da raiz *Sehne*, ou seja, tendão. O tendão se tenciona. O anseio origina uma tensão saudável no ser humano entre aquilo que é e aquilo pelo qual se anseia. Sob esta tensão, o coração é tensionado. Sem o anseio, o ser humano perde a sua tensão. Ele fica como uma cerveja "choca", não tem mais sabor. Ao lado de uma pessoa que perdeu o seu anelo nós não nos sentimos bem. Dela emanam frieza e ausência de esperança. Já com uma pessoa repleta de anseios nós conseguimos dialogar bem. A conversa adquire tensão. Ela se estende em direção à profundidade do que é ser humano. O anseio nos conduz ao fundamento de nossa alma, ao nosso verdadeiro *self*, ao potencial que se encontra disponível em nossa alma.

Todo ser humano conhece o anseio por amar e por ser amado. E também, neste tipo de anseio, experimentaremos a satisfação e a decepção. Nunca vivenciaremos uma situação em que alguém virá e nos amará de tal modo que nos sintamos satisfeitos para sempre. Uma experiência profunda de amor desperta o anseio por sua intensificação. O objetivo, tanto da experiência de encantamento quanto daquela de frustração do amor, é que nós *sejamos* amor. Às vezes nos é dado fazer esta experiência. Aí então *somos* cheios de amor. Nós não amamos somente uma pessoa em especial, mas o amor flui dentro de nós em direção a tudo o que existe. Em momentos assim, temos um pressentimento do caminho para o qual o anelo quer nos conduzir. Nestes momentos, nós estamos no amor e, em última instância, em Deus. Aí compreendemos o que João escreve em sua epístola: "Deus é amor, e quem permanece no amor permanece em Deus e Deus permanece nele" (1Jo 4,16). Mulheres que se apaixonaram por um homem, sempre de novo, me relatam quão infelizes se sentem, porque o amado não lhes retribui o seu amor. Elas anseiam por seu amor, mas não encontram a satisfação do seu anseio. Eu sempre respondo com uma palavra de Exupéry: "No anseio por amor já se encontra o amor". O anseio que o homem desperta na mulher apaixonada pertence àquela mulher. Este ninguém pode lhe tirar. E, através deste anseio, ela experimenta o amor dentro de si. O pensamento voltado àquele homem a coloca em contato com o amor, que se encontra no imo de sua alma. Se ela experimentar conscientemente este amor dentro de si tornar-se-á independente daquele homem concreto. Se, por outro lado, aquele homem corresponder, ao seu amor, ela poderá desfrutá-lo agradecida. Mas também, se ele não corresponder este amor, ela não precisará se tornar infeliz por causa disto. Ela experimentou algo que ninguém lhe pode tirar, experienciou dentro de si o anseio por amor. E este anseio a conduziu ao fundamento de sua alma, onde ele é amor. Este amor não pode lhe ser subtraído, é de sua propriedade. Ele pode ser despertado por outros, mas ele não é plenamente saciado pelos outros.

Já outros se queixam afirmando que não sentem Deus. De fato, não somos capazes de ver ou de ouvir Deus de maneira direta. Mas, através do anseio, Deus escavou um rastro de si em nosso coração. No anseio por Deus, já se encontra Deus. Através do anseio, eu posso sentir o rastro de Deus em meu coração. O anseio, portanto, é o caminho para experimentar a

Deus, em meio ao mundo, que padece sob o distanciamento de Deus. Através do anseio, Deus colocou algo em minha alma, que transcende este mundo, que não é deste mundo e, por isso, também não pode ser destruído por este mundo. Vale, neste contexto, a palavra do poeta irlandês O'Donohue: "O mais belo que nós possuímos é o nosso anseio". O anseio é que santifica o ser humano e que lhe confere a sua dignidade. Através do anseio, o ser humano adentra Deus, ele reside em Deus. E, com isso, ele, justamente através do anseio, pode experimentar uma paz interior, que não lhe pode ser tirada totalmente por contrariedades exteriores.

Ajuda, neste contexto, fazer-se sempre de novo de forma consciente a seguinte pergunta: "Qual é o meu anelo mais profundo?" Não é necessário que prontamente advenha uma reposta. Mas esta pergunta nos conduz ao fundo de nosso âmago. Pressentimentos têm valor quando nos colocam em contato com o nosso ser mais profundo. E, de repente, sentimos que este mundo não é tudo. Por mais rica que seja a nossa vida, há ainda outra realidade, mais rica. Nosso anseio nos coloca em contato com ela.

Viva o seu anseio,
pois aquilo que existe não é tudo.
Questione-se, a cada dia,
como você poderá viver o seu anseio.
Permita a existência de seu anseio.
Você sentirá:
Nós trazemos algo dentro de nós
que transcende este mundo.

Dê expressão ao seu anelo através do canto.
Experiencie-o através da dança.
Siga o seu rastro na contemplação de uma obra de arte.
Mantenha a chama acesa dentro de você.
Procure examinar a sua vida
a partir de cada anseio que emerge de seu interior.

Siga o rastro de seu anseio.
Aí você descobrirá que:
o anseio não é uma fuga da vida.
O anseio é viver mais intensamente.
Não é algo que lhe ofereça um consolo barato.
Ele lhe conduz ao centro da verdadeira vida,
aqui e agora.

Não deixe seu anseio ensurdecer
pelo barulho cotidiano.
Não permita que seja encoberto
pela banalidade do consumo.
Não se deixe iludir
por promessas vazias.
Sinta dentro de você mesmo
os altos e baixos de sua vida.

Apronte-se, e siga aquilo
que o seu anseio indica:
O rastro do mistério imperscrutável
de sua vida.

O anseio conduz você
à verdadeira riqueza de sua alma.
Ele conduz você àquele
que preenche o seu coração de luz e de amor.
Àquele
que é o objetivo de todos os seus anseios.

14

Aceite a sua finitude,
mas não se esqueça
que você é amado
infinitamente

$\mathcal{A}$creditar que o ser humano é todo-poderoso e imortal é uma heresia que não surgiu com as possibilidades técnicas da era moderna, é uma tentação tão velha como a própria humanidade. Eugen Drewermann interpretou a história da queda, assim como o livro do Gênesis a relata, da seguinte maneira: O pecado original é a recusa do ser humano em aceitar sua condição e sua dependência de Deus. O ser humano quer ser como Deus. Ele não consegue suportar ser somente humano. A Bíblia, com esta história, quer nos dizer que devemos aceitar a nossa finitude. Nós fomos formados da terra e a ela retornaremos. Precisamos comer nosso pão diário, a partir do suor em nosso rosto (cf. Gn 3,19). Todo o Antigo Testamento expõe aos nossos olhos a finitude do ser humano, sua mortalidade, sua incapacidade para viver de acordo com a vontade de Deus e, por conseguinte, de acordo com a sua própria essência. Sempre de novo o ser humano fracassa e Deus novamente precisa tirá-lo de seu aprisionamento. Ele precisa arrancá-lo do pântano de suas emoções e de seu inconsciente, que ameaçam engoli-lo. O ser humano depende da ação redentora e salvífica de Deus. Porém, é difícil para ele admitir sua finitude e a sua dependência de Deus. Ele gostaria de ter tudo sob controle. Em última análise, ele gostaria de ser como Deus, que repousa em si mesmo, que não precisa prestar contas a ninguém e que não depende de ninguém.

Por isso, os monges viam na humildade a mais importante virtude do ser humano. Humildade, no latim *humilitas*, significa a coragem de descer para a própria condição finita e terrena do ser humano. Assim, essa coragem significa aceitar a realidade de que nós somos constituídos a partir da terra, isto é, que somos formados do pó. Quem recusa essa descida em direção à própria verdade se tornará soberbo e cego. A *Hybris* (empáfia) faz, então, com que ele cerre seus olhos diante de sua própria finitude. Ele se agarra, então, à sua elevada imagem ideal, à idolatria, que ele cultiva a respeito de si mesmo. Contudo, isso faz com que ele viva constantemente sob o medo de que os outros possam enxergar para além de sua fachada. Jesus cura o cego de nascença, cuspindo na terra, no húmus, e esfregando a mistura de barro e saliva sobre os seus olhos. Com isso, ele quer dizer que somente quando você se reconciliar com a sua condição terrena, com o barro, que também está dentro de você, você conseguirá enxergar (cf. Jo 9).

O Novo Testamento, todavia, não fica somente na admoestação em aceitarmos a nossa condição humana e a nossa finitude. Ele nos proclama a Boa-nova de que o próprio Deus desceu para se tornar ser humano. O Deus infinito se tornou um ser humano finito. Em Jesus Cristo se reúnem a infinitude de Deus e a finitude do ser humano. Por isso, não precisamos mais querer ser como Deus. Pois, Deus mesmo nos divinizou através do seu tornar-se humano. Esta é a interpretação que os Padres da Igreja gregos sempre retomam: Deus se tornou humano, a fim de que o ser humano seja divinizado. Em nossa mortalidade, Deus implantou o germe de nossa imortalidade. Em nossa finitude, sua infinitude.

A divinização do ser humano soa como algo demasiadamente abstrato para uns. Nós também podemos formulá-lo em conceitos pessoais. Neste caso, equivaleria a dizer: Você é amado infinitamente por Deus. Divinização significaria, então, ser perpassado pelo amor infinito de Deus. Nós ansiamos por sermos amados infinita e incondicionalmente, mas, muitas vezes, fazemos a experiência de que precisamos comprar o nosso amor, por exemplo, produzindo alguma coisa ou sendo especialmente bons e contentando a todos. Porém, se eu somente sou amado ao preencher alguma condição, então, assim o entende Karl Frielingsdorf, isso será tão somente sobreviver. Eu desenvolvo estratégias de sobrevivência. Eu me adapto a todas as situações para que continue sendo amado. Eu produzo cada vez mais, preocupo-me com o que os outros esperam de mim, apenas para que gostem de mim.

Eu não vivo a partir de meu próprio fundamento, mas a partir dos outros. Neste caso, é terapêutico realizar a experiência de ser amado infinitamente e aceitar isso de maneira incondicional. Para os cristãos, este amor incondicional é tornado visível no batismo. Quando Jesus foi batizado no Rio Jordão por João Batista, o céu sobre ele se abriu e a voz de Deus ressoou: "Você é o meu filho amado, em você eu me comprazo" (Mc 1,11). Esta palavra também foi dita sobre nós em nosso batismo: "Você é meu filho amado, minha filha amada, em você eu me comprazo. Eu amo você, assim como você é. Eu amo você, porque você é". A experiência do amor infinito de Deus, que não está atrelado a nenhuma condição, é o alicerce sobre o qual nós podemos construir nossa vida, e ela não ruirá se nós não experimentarmos nenhum amor de uma ou de outra pessoa. A filosofia estoica afirma: Não são as pessoas que nos machucam, mas a representação que fazemos delas. Se eu espero amor desta ou daquela pessoa, então desenvolvo uma representação específica dela. Quando o outro não a preenche, eu me sinto ferido. Uma mulher, por exemplo, renovou com grande empenho o piso de sua casa. Ela aguardou cheia de orgulho a vinda de seu marido. Porém, quando o marido voltou do seu trabalho, este estava tão cheio dos problemas ligados à sua atividade, que ele sequer percebeu o que a sua esposa conseguiu realizar. E isso a magoou profundamente. Mas o que realmente a magoou? O marido não queria magoá-la, porém a representação que ela havia feito dele, que ele deveria perceber o que ela havia realizado e o quanto ela tinha trabalhado, isto a feriu. O seu marido não correspondeu à representação. Nós logo achamos que não seremos mais amados quando o outro não preenche as nossas expectativas de amor. O marido, que retornou para casa, imerso em seus pensamentos, continuava amando a sua esposa como sempre. Mas a esposa não conseguia enxergar isso, estava demasiadamente fixada em sua representação de amor. Em certo sentido, a Estoá tem razão: O outro, em última análise, não pode me machucar. Ele não consegue fazer desmoronar a casa sedimentada sobre o fundamento do amor de Deus. Pois ela é sustentada pelo amor infinito de Deus, que não pode ser diminuído através da recusa do amor finito.

E, mesmo na derradeira experiência de nossa finitude, na experiência limítrofe da morte, que nos faz lembrar que somos mortais e não deuses, nós seremos transformados pela experiência de um amor infinito. Justamente aí, nosso anelo pela vida eterna e pelo amor que não tem fim é preenchido. Quando nós encontrarmos a Deus nesta última fronteira, nós não seremos dissolvidos no nada, mas, nosso cerne mais profundo, nossa pessoa será salva para sempre. Neste encontro definitivo com Deus, que é amor, nossa imagem original e imaculada, marcada por ele em nossa alma, resplandecerá em sua verdadeira glória, para sempre.

Aceite a sua finitude.
Mas não esqueça:
Você é amado infinitamente.

Você somente será capaz de aceitar a sua finitude
quando se sentir amado infinitamente.
Você somente admitirá o seu lado sombrio
quando souber
que é amado por Deus,
com tudo aquilo que há em você.
Também aquilo que você não consegue aceitar em si mesmo
é aceito por Deus.
Talvez você diga:
Eu mesmo não consigo me amar,
assim como sou.
Como é que alguma pessoa poderia me aceitar assim
e como Deus poderia estar satisfeito com isto?

Eu consigo compreender bem a sua dúvida.
O juiz que reside dentro de nós é implacável,
ele nos desvaloriza constantemente.
Mas tente distinguir
entre o juiz implacável dentro de você
e o Deus misericordioso.

Tente fazer valer diante deste juiz implacável
o sim de Deus:
"Você é meu filho amado, minha filha amada,
em quem eu me comprazo".

Deixe estas palavras penetrarem em suas dúvidas.
Chegará a hora em que estas palavras
se tornarão uma realidade dentro de você.
E você poderá se consentir:
Sim, eu sou amado infinitamente.
E tudo ficará bem.

15

Sempre de novo, procure a quietude

"*A* quietude alimenta, o barulho consome", disse certa vez Reinhold Schneider. Talvez hoje em dia ansiemos tanto por quietude porque o barulho da atualidade, com a sua exigência de ativismo ininterrupto, consuma tanto as nossas energias. A experiência de Reinhold Schneider não é algo novo. Do Antigo Egito nos foi legado o seguinte dito: "Quem se fadiga nunca alcançará a perfeição. Pois para alcançá-la são necessárias a tranquilidade e a quietude". E, há mais de 150 anos, o filósofo da religião dinamarquês Sören Kierkegaard, descreveu o barulho de um mundo que aumenta cada vez mais como algo que torna as pessoas doentes. Se fosse um médico, disse ele, prescreveria a seguinte medicação: "procurem ficar quietos!" Nosso mundo não se tornou mais quieto, nem mais sossegado. Tanto mais necessitamos desta medicação. Somente assim nós podemos concentrar-nos em nós mesmos. Nós nos concentramos em nós mesmos quando nos aquietamos; ao não permitirmos que as influências incômodas externas influam sobre nós. Precisamos da quietude, para nos tornarmos nós mesmos, para estarmos plenamente conosco mesmos. Somente assim é possível uma vida digna.

Mas, muitas vezes, nós não encontramos esta paz, que, todavia, depende de nós. A experiência da quietude não é algo que seja natural no mundo em que vivemos. Precisamos fazer algo para encontrá-la e experienciá-la. Experienciá-la ou não está relacionado a certas condições. A primeira condição para aquietar-se é permanecer quieto. Aquietar-se vem de ficar quieto. Quando eu fico quieto, surge de dentro de mim a fome. Ela, por sua vez, aponta para algo que é fundamental para a vida. A criança com fome necessita da mãe, que a amamenta. A quietude alimenta a alma. Porque não gostamos de sentir a nossa fome interior, aquietamo-nos tão pouco. Sempre estamos em fuga de nós mesmos. É necessária a coragem para ficar quieto, para parar e se defrontar com a própria carência. Mas, se conseguirmos reunir esta coragem, ela será recompensada. Nós nos aquietaremos interiormente. Entraremos em contato conosco mesmos. Sentiremos a nós mesmos. E sentiremos em nós a fome. Porém, não é uma fome que precisa ser imediatamente saciada com comida e bebida. Muito mais, emerge em nós um anseio profundo, que não é somente fome. "O anseio", assim pensa Arthur Schnitzler, "é que alimenta a nossa alma e não a sua satisfação". Ao ficarmos quietos, portanto, nós somos nutridos e saciados, não com coisas exteriores, mas pelo próprio anseio. O anseio é algo santo dentro de nós. Ele nos coloca em contato com a riqueza de nossa alma.

No barulho de nosso mundo e de nossos próprios pensamentos, sempre ansiamos pela quietude, por mergulhar a nossa alma no silêncio. Muitas vezes, eu tenho a sensação, após

ENCONTRAR O EQUILÍBRIO INTERIOR

alguma conversação ou alguma palestra, que minha necessidade de comunicação está completamente satisfeita. Então eu simplesmente anseio pela quietude. O silêncio não possui interesses: eu não preciso trazer nada e tampouco dar algo. Nele, eu simplesmente posso ser como sou. No silêncio eu chego até mim mesmo. Através dele, eu alcanço o meu próprio coração. E isto faz bem. Um barulho constante faz adoecer. Isso pode ser comprovado por muitos estudos. A quietude faz bem à alma e também ao corpo. Na quietude nós conseguimos nos regenerar.

A quietude age ainda de outra forma: ela purifica e esclarece. Reiteradamente as nossas emoções se confundem com aquelas dos outros. E demasiadas vezes, nós nos sentimos maculados interiormente. Aí então é necessário banhar-se na quietude. Quando eu sentir dentro de mim pensamentos de irritação em relação aos coirmãos ou ainda sentimentos amargos em decorrência de decepções, então, eu preciso de quietude. A quietude limpa aquilo que está turvo dentro de mim. Em um poema chinês faz-se a seguinte pergunta: "Quem consegue ter tamanha quietude, capaz de clarear o que está turvo dentro de si?" O vinho precisa ficar parado, para que aquilo que está turvo possa se assentar. Assim também nós precisamos permanecer quietos, para que todas as opacidades em nós possam ficar transparentes e o brilho original de nossa alma possa resplandecer novamente.

Na quietude eu me deparo com a minha própria verdade. E este encontro nem sempre é agradável. Eu somente posso suportá-la, se eu parar de me autoavaliar. Se eu simplesmente perceber o que há dentro de mim, então eu admito a sua existência e posso me reconciliar com isso.

Para mim pessoalmente, há ainda outra coisa que integra a quietude. Eu apresento aquilo que existe dentro de mim à luz do amor de Deus. Eu não preciso simplesmente suportá-lo. Eu o contemplo à luz de Deus. E, diante desta luz, isso tudo adquire outro aspecto, pois está envolto no amor de Deus. Isso pode existir assim como é. Porém, através do amor de Deus e através do meu próprio olhar benévolo, isto se transformará, perderá o seu aspecto ameaçador – e, mesmo que o seja, não terá poder algum sobre mim. No encontro com Deus, que me aceita incondicionalmente, eu consigo suportar o silêncio. Se eu somente fosse confrontado sem misericórdia nenhuma comigo mesmo, procuraria uma fuga. Tornar-se-ia difícil aguentar o silêncio.

A quietude é, ao mesmo tempo, para mim, o lugar da experiência mais profunda de Deus. Na quietude eu paro de ficar filosofando sobre Deus ou de tentar fazer uma ideia sobre Ele. Eu simplesmente estou aí diante de Deus, sentado em sua presença e envolto por sua proximidade curativa e amorosa. Na quietude sinto-me plenamente amado.

Eu faço diferentes tipos de experiências no silêncio. Às vezes, tenho a sensação de que Deus me olha e, sob seu olhar, eu posso ser assim como sou. Outras vezes, eu não vejo Deus como outro alguém. Eu simplesmente me sinto uno comigo mesmo. E nessa unidade, simultaneamente, eu me sinto em uníssono com tudo o que existe, um com a criação, um com as demais pessoas e um com o fundamento original de todo o ser, ou seja, com Deus. Nesta experiência de união o tempo para. O tempo e a eternidade se fundem. Ali Deus e o ser humano se tornam um. Céu e terra se conectam.

Na quietude, tornam-se possíveis momentos profundos de felicidade. Mas eu não posso retê-los. Eles sempre podem ser sentidos somente por um breve momento. Pois, imediatamente, no instante seguinte, eu já estarei em outro lugar. Então, mesmo que externamente possa continuar tudo quieto, em minha mente, os meus pensamentos voltam a fazer barulho. Aí então é necessária a disciplina para não fugir, mas ficar sentado imoto. Somente quando eu for capaz de aguentar o barulho interior na quietude, então, ele pode novamente amainar. Ou então eu imagino o seguinte: Os pensamentos são como ondas, que revolvem a superfície do mar. Quanto mais eu submergir em sua profundidade tanto mais quieto irá ficar. Os japoneses imaginam isso, ainda de outra maneira: Eu estou sentado aí como a montanha sagrada Fujiyama. Os ventos e as tempestades, as nuvens e as enxurradas, vêm e novamente se vão. Mas a montanha continua inerte e não se deixa tirar do sério por conta disso.

Eu não preciso produzir a quietude. Ela já se encontra aí. Quando eu passeio pelas florestas, distante das rodovias, o silêncio me envolve, só preciso percebê-lo. Então, ele me envolverá de maneira curativa e também aquietará a minha alma.

Mas a quietude não é somente algo exterior. Ela também está dentro de mim. Os místicos estão convencidos de que dentro de nós há um espaço de quietude, no qual reside Deus. Nós não precisamos produzir a quietude, ela está em nós. Mas nós muitas vezes estamos dissociados dela. Por isso é bom descobrir através da quietude exterior o espaço interior do silêncio dentro de si mesmo e recolher-se nele. Para este espaço de quietude as pessoas não conseguem avançar levando consigo suas expectativas e exigências, seus juízos e avaliações. Lá ninguém pode me machucar. Até mesmo os meus próprios pensamentos e sentimentos, meus medos, minhas preocupações, minha autodesvalorização e autocondenação, não têm acesso a este espaço de quietude.

Os monges chamam este espaço do silêncio de santo. É algo sobre o qual o mundo não tem poder. A palavra grega para santo *hagios* remete à expressão alemã *Gehege*, ou seja, cerca. Aquilo que é destacado do mundo é o que está cercado. E lá eu me sinto bem. No espaço santo da quietude eu consigo conviver bem comigo mesmo. Lá eu estou em casa; lá eu experiencio meu lar interior. A palavra alemã *Heim* origina-se de "deitar, acampar, abrigar-se". Onde eu estou envolto pelo mistério de Deus, lá eu estou em casa, lá eu posso acampar em segurança, lá eu estou abrigado. Assim também a quietude é algo curativo. Ela me põe em contato com o mistério de Deus e com o mistério da minha vida e do meu *self*. E ela me conduz ao espaço no qual eu estou são e inteiro, íntegro e puro, imaculado e sem nódoas, autêntico e original, onde a glória de Deus resplandece em mim. Aqui se encontra o lugar da verdadeira felicidade.

Busque sempre de novo a quietude.
Procure aqueles lugares
nos quais você gosta de estar.
Escolha algum lugar
onde você consegue sossegar bem.

Talvez este lugar, para você, seja uma igreja
afastada do barulho das estradas.
Uma igreja onde há séculos
pessoas têm orado.

ENCONTRAR O EQUILÍBRIO INTERIOR

Em um lugar assim,
às vezes, a quietude pode ser sentida fisicamente.

Talvez você também conheça lugares na natureza,
onde é totalmente quieto.
Uma floresta tranquila.
Uma região erma.
Trilhas vicinais isoladas, onde somente você caminha.
Nas quais você nunca se depara com outra pessoa.

Procure a quietude,
sempre de novo.

Procure-a, especialmente
quando você se encontra inquieto interiormente.
E não se espante,
se a inquietude não sumir imediatamente.

Quando você perceber que não consegue silenciar em absoluto,
não se inquiete.
Procure, então, em primeiro lugar, caminhar.
O caminhar poderá libertá-lo do barulho interior.

Ao caminhar, não fique pensando em problemas.
Liberte-se caminhando.
Entregue-se totalmente ao caminhar.
Então ele conduzirá você à quietude.

Se você parar depois da caminhada,
procure perscrutar o seu interior.
Atente para a mudança.

De repente, você perceberá o silêncio.
Você poderá desfrutá-lo.

E você sentirá:
No silêncio, eu estou envolto
por uma proximidade curadora e amorosa.

Você sentirá:
Aqui eu me faço totalmente presente.
Não preciso fazer nada.
Estou na quietude.
Estou comigo. Estou em Deus.
E nele está tudo aquilo pelo qual anseio.

CULTURAL
Administração
Antropologia
Biografias
Comunicação
Dinâmicas e Jogos
Ecologia e Meio Ambiente
Educação e Pedagogia
Filosofia
História
Letras e Literatura
Obras de referência
Política
Psicologia
Saúde e Nutrição
Serviço Social e Trabalho
Sociologia

CATEQUÉTICO PASTORAL
Catequese
Geral
Crisma
Primeira Eucaristia

Pastoral
Geral
Sacramental
Familiar
Social
Ensino Religioso Escolar

TEOLÓGICO ESPIRITUAL
Biografias
Devocionários
Espiritualidade e Mística
Espiritualidade Mariana
Franciscanismo
Autoconhecimento
Liturgia
Obras de referência
Sagrada Escritura e Livros Apócrifos

Teologia
Bíblica
Histórica
Prática
Sistemática

REVISTAS
Concilium
Estudos Bíblicos
Grande Sinal
REB (Revista Eclesiástica Brasileira)
SEDOC (Serviço de Documentação)

VOZES NOBILIS
Uma linha editorial especial, com importantes autores, alto valor agregado e qualidade superior.

VOZES DE BOLSO
Obras clássicas de Ciências Humanas em formato de bolso.

PRODUTOS SAZONAIS
Folhinha do Sagrado Coração de Jesus
Calendário de mesa do Sagrado Coração de Jesus
Agenda do Sagrado Coração de Jesus
Almanaque Santo Antônio
Agendinha
Diário Vozes
Meditações para o dia a dia
Encontro diário com Deus
Guia Litúrgico

CADASTRE-SE
www.vozes.com.br

EDITORA VOZES LTDA.
Rua Frei Luís, 100 – Centro – Cep 25689-900 – Petrópolis, RJ
Tel.: (24) 2233-9000 – Fax: (24) 2231-4676 – E-mail: vendas@vozes.com.br

UNIDADES NO BRASIL: Belo Horizonte, MG – Brasília, DF – Campinas, SP – Cuiabá, MT
Curitiba, PR – Florianópolis, SC – Fortaleza, CE – Goiânia, GO – Juiz de Fora, MG
Manaus, AM – Petrópolis, RJ – Porto Alegre, RS – Recife, PE – Rio de Janeiro, RJ
Salvador, BA – São Paulo, SP